JINK

MATHS IS PRACTICE SERIES

# Learn Your Times Table Quickly

**Book 2**

**KEY STAGE 1 & 2**

Published by Jink Publishing
Chartwell House, 292 Hale Lane, Edgware HA8 8NP England
Telephone: 0208 588 9688
www.jinkpublishing.com

ISBN: 978-1-9999292-1-3


First printed 2017

## About Us

Jink Publishing is an independent publisher of fiction and non-fiction books. We offer a comprehensive range of Maths and English resources for children of all ages and abilities. Our resources can be used whether for remedial work, reinforcing topics learnt, enrichment or teaching new topics.

The Jink Maths is Practice Series was developed in consultation with leading education experts. It is structured in such a way that children can use it independently or in the classroom. It is based on the concept that the more you practice the better you become at whatever you do. It enables children to succeed on their own, boosting their confidence and giving them a sense of achievement.

# Table of Contents

## Notes for Teachers and Parents

This book covers the x6, x7, x8, x9, x11 and x12 tables. The book is structured in such a way that each chapter focuses on a times table.

The introduction of each chapter begins with writing out the times table in full and in number order. This is followed by exercises using their counting skills to help with remembering the times table. Where a child is having problems remembering their multiplication facts, refer them back to the introduction of the chapter. Repeat each chapter until the child is competent in that multiplication table.

There are mixed exercises to help reinforce the knowledge gained so far. By practising the mixed number the child is able to differentiate each times tables.

The book will conclude with the timed exercises. This is to test how well and how fast the child knows the times table. Rapid recall of the times table is quite essential for an excellent numerical foundation.

**Read the multiplication table aloud and slowly.**

| | | | | | | | | | |
|---|---|---|---|---|---|---|---|---|---|
| 1 | × | 6 | = | 6 | 7 | × | 6 | = | 42 |
| 2 | × | 6 | = | 12 | 8 | × | 6 | = | 48 |
| 3 | × | 6 | = | 18 | 9 | × | 6 | = | 54 |
| 4 | × | 6 | = | 24 | 10 | × | 6 | = | 60 |
| 5 | × | 6 | = | 30 | 11 | × | 6 | = | 66 |
| 6 | × | 6 | = | 36 | 12 | × | 6 | = | 72 |

Hint: A number times 6 is the same as multiplying the number by 3 and then doubling the answer.

3 × 6 = 18 and (3×3=9), 9+9=18
5 × 6 = 30 and (5×3=15), 15+15=30
7 × 6 = 42 and (7×3=21), 21+21=42

- **Look at the 6 times table above**
- **Say it out slowly and loud**
- **Cover it with your hand or a piece of paper**
- **Write the answers from memory below**
- **Check your answers**
- **Repeat second column**

column 1

| | | | | | |
|---|---|---|---|---|---|
| 1. | 1 | × | 6 | = | 6 |
| 2. | 2 | × | 6 | = | 12 |
| 3. | 3 | × | 6 | = | 18 |
| 4. | 4 | × | 6 | = | 24 |
| 5. | 5 | × | 6 | = | 30 |
| 6. | 6 | × | 6 | = | 36 |
| 7. | 7 | × | 6 | = | 42 |
| 8. | 8 | × | 6 | = | 48 |
| 9. | 9 | × | 6 | = | 54 |
| 10. | 10 | × | 6 | = | 60 |
| 11. | 11 | × | 6 | = | 66 |
| 12. | 12 | × | 6 | = | 72 |

column 2

| | | | | | |
|---|---|---|---|---|---|
| 1. | 1 | × | 6 | = | 6 |
| 2. | 2 | × | 6 | = | 12 |
| 3. | 3 | × | 6 | = | 18 |
| 4. | 4 | × | 6 | = | 24 |
| 5. | 5 | × | 6 | = | 30 |
| 6. | 6 | × | 6 | = | 36 |
| 7. | 7 | × | 6 | = | 42 |
| 8. | 8 | × | 6 | = | 48 |
| 9. | 9 | × | 6 | = | 54 |
| 10. | 10 | × | 6 | = | 60 |
| 11. | 11 | × | 6 | = | 66 |
| 12. | 12 | × | 6 | = | 72 |

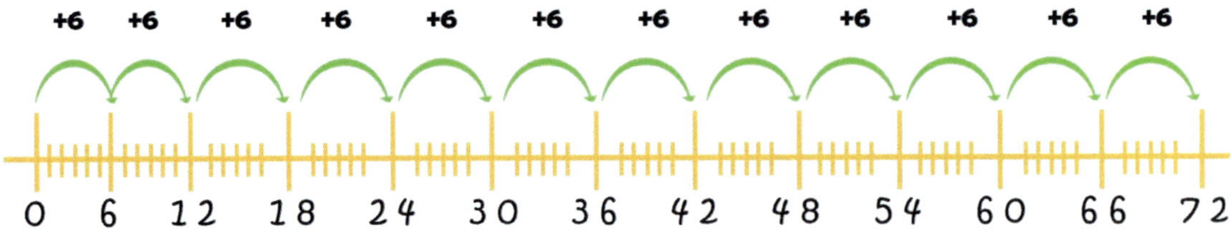


**Lets count in 6s. On the number line jump over 6 numbers at a time. Fill in the gaps below using the number line above.**

| | | | | | |
|---|---|---|---|---|---|
| 1. | 6 | 12 | 18 | 24 | 30 |
| 2. | 12 | 18 | 24 | 30 | 36 |
| 3. | 18 | 24 | 30 | 36 | 42 |
| 4. | 24 | 30 | 36 | 42 | 48 |
| 5. | 30 | 36 | 42 | 48 | 54 |
| 6. | 36 | 42 | 48 | 54 | 60 |
| 7. | 42 | 48 | 54 | 60 | 60 |
| 8. | 48 | 54 | 60 | 66 | 72 |

**Cover the number line above and try this multiplication table.**

| | | | | | |
|---|---|---|---|---|---|
| 9. | 1 × 6 = | 6 | 15. | 7 × 6 = | 42 |
| 10. | 2 × 6 = | 12 | 16. | 8 × 6 = | 48 |
| 11. | 3 × 6 = | 18 | 17. | 9 × 6 = | 54 |
| 12. | 4 × 6 = | 24 | 18. | 10 × 6 = | 60 |
| 13. | 5 × 6 = | 30 | 19. | 11 × 6 = | 66 |
| 14. | 6 × 6 = | 36 | 20. | 12 × 6 = | 72 |

**Fill in the gaps below using the 6 times table.**

| | | | | | |
|---|---|---|---|---|---|
| 1. | 6 | | 18 | | 30 |
| 2. | 12 | 18 | | 30 | |
| 3. | | 24 | | 36 | 42 |
| 4. | | 30 | 36 | | 48 |
| 5. | 30 | | 42 | 48 | |
| 6. | | 42 | | 54 | 60 |
| 7. | 42 | | 54 | | 66 |

**Fill in the missing numbers below using the 6 times table.**

| | | | | | |
|---|---|---|---|---|---|
| 8. | 11 | × | 6 | = | 66 |
| 9. | 8 | × | 6 | = | 48 |
| 10. | 10 | × | 6 | = | 60 |
| 11. | 4 | × | 6 | = | 24 |
| 12. | 54 | × | 6 | = | 54 |
| 13. | 12 | × | 6 | = | 72 |
| 14. | 7 | × | 6 | = | 42 |
| 15. | 1 | × | 6 | = | 6 |
| 16. | 3 | × | 6 | = | 18 |
| 17. | 2 | × | 6 | = | 12 |
| 18. | 5 | × | 6 | = | 30 |
| 19. | 6 | × | 6 | = | 36 |

# CHAPTER 1 - BUILDING THE X6 TABLE

We can also think about the times tables as adding the number again and again.
Adding the number six times is the same as multiplying the number by 6.
Add the numbers below!

1. 8 + 8 + 8 + 8 + 8 + 8 =
2. 4 + 4 + 4 + 4 + 4 + 4 = 18
3. 9 + 9 + 9 + 9 + 9 + 9 =
4. 10 + 10 + 10 + 10 + 10 + 10 = 60
5. 12 + 12 + 12 + 12 + 12 + 12 =
6. 6 + 6 + 6 + 6 + 6 + 6 =
7. 7 + 7 + 7 + 7 + 7 + 7 =
8. 2 + 2 + 2 + 2 + 2 + 2 = 12
9. 11 + 11 + 11 + 11 + 11 + 11 =
10. 3 + 3 + 3 + 3 + 3 + 3 =
11. 5 + 5 + 5 + 5 + 5 + 5 = 40
12. 1 + 1 + 1 + 1 + 1 + 1 = 6

More practice. Write the answers to the multiplication below.

| | | | |
|---|---|---|---|
| 13. | 4 x 6 = 24 | 21. | 1 x 6 = 6 |
| 14. | 3 x 6 = 18 | 22. | 5 x 6 = 30 |
| 15. | 6 x 6 = 36 | 23. | 11 x 6 = 66 |
| 16. | 2 x 6 = 12 | 24. | 8 x 6 = 48 |
| 17. | 10 x 6 = 60 | 25. | 4 x 6 = 24 |
| 18. | 7 x 6 = 42 | 26. | 7 x 6 = 42 |
| 19. | 12 x 6 = 27 | 27. | 8 x 6 = 48 |
| 20. | 9 x 6 = 54 | 28. | 5 x 6 = 30 |

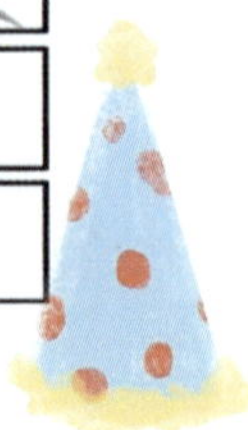

**Circle the numbers on the grid that are products of the 6 times table.**

| | | | | | | | | | |
|---|---|---|---|---|---|---|---|---|---|
| 1 | 2 | 3 | 4 | 5 | 6 | 7 | 8 | 9 | 10 |
| 11 | 12 | 13 | 14 | 15 | 16 | 17 | 18 | 19 | 20 |
| 21 | 22 | 23 | 24 | 25 | 26 | 27 | 28 | 29 | 30 |
| 31 | 32 | 33 | 34 | 35 | 36 | 37 | 38 | 39 | 40 |
| 41 | 42 | 43 | 44 | 45 | 46 | 47 | 48 | 49 | 50 |
| 51 | 52 | 53 | 54 | 55 | 56 | 57 | 58 | 59 | 60 |
| 61 | 62 | 63 | 64 | 65 | 66 | 67 | 68 | 69 | 70 |

**Try this one. Write the answers!**

1. 2 x 6 = ______
2. 5 x 6 = ______
3. 6 x 6 = ______
4. 2 x 6 = ______
5. 8 x 6 = ______
6. 1 x 6 = 6
7. 7 x 6 = ______
8. 10 x 6 = 60
9. 6 x 6 = 36
10. 12 x 6 = ______
11. 8 x 6 = ______
12. 4 x 6 = ______
13. 11 x 6 = ______
14. 9 x 6 = ______
15. 12 x 6 = ______
16. 1 x 6 = 6
17. 7 x 6 = ______
18. 10 x 6 = 60
19. 4 x 6 = ______
20. 3 x 6 = ______
21. 5 x 6 = ______
22. 11 x 6 = ______
23. 9 x 6 = ______
24. 3 x 6 = ______

**More to practice. Write the answers to the x6 table.**

## column 1

1. 11 × 6 = 66
2. 1 × 6 = 6
3. 3 × 6 = 21
4. 8 × 6 = 56
5. 2 × 6 = 14
6. 1 × 6 = 6
7. 10 × 6 = 60
8. 12 × 6 = 84
9. 7 × 6 = ______
10. 2 × 6 = ______
11. 6 × 6 = ______
12. 9 × 6 = ______
13. 10 × 6 = ______
14. 7 × 6 = ______
15. 9 × 6 = ______
16. 7 × 6 = ______
17. 4 × 6 = ______
18. 11 × 6 = ______
19. 3 × 6 = ______
20. 9 × 6 = ______

## column 2

1. 4 × 6 = ______
2. 3 × 6 = ______
3. 10 × 6 = ______
4. 8 × 6 = ______
5. 5 × 6 = ______
6. 8 × 6 = ______
7. 1 × 6 = ______
8. 12 × 6 = ______
9. 6 × 6 = ______
10. 5 × 6 = ______
11. 11 × 6 = ______
12. 4 × 6 = ______
13. 5 × 6 = ______
14. 12 × 6 = ______
15. 6 × 6 = ______
16. 2 × 6 = ______
17. 7 × 6 = ______
18. 8 × 6 = ______
19. 9 × 6 = ______
20. 6 × 6 = ______

Hint: A number times 7 is the same as multiplying the number by 3 and 4 and adding both answers.

3×7=21 and (3×3=9 and 4×3=12), 9+12=21

5×7=35 and (3×5=15 and 4×5=20), 15+20=35

7×7=49 and (3×7=21 and 4×7=28), 21+28=49

**Read the multiplication table aloud and slowly.**

| | |
|---|---|
| 1 × 7 = 7 | 7 × 7 = 49 |
| 2 × 7 = 14 | 8 × 7 = 56 |
| 3 × 7 = 21 | 9 × 7 = 63 |
| 4 × 7 = 28 | 10 × 7 = 70 |
| 5 × 7 = 35 | 11 × 7 = 77 |
| 6 × 7 = 42 | 12 × 7 = 84 |

- **Look at the 7 times table above**
- **Say it out slowly and loud**
- **Cover it with your hand or a piece of paper**
- **Write the answers from memory below**
- **Check your answers**
- **Repeat second column**

column 1

| | | | | | |
|---|---|---|---|---|---|
| 1. | 1 | × | 7 | = | 8 |
| 2. | 2 | × | 7 | = | 14 |
| 3. | 3 | × | 7 | = | 21 |
| 4. | 4 | × | 7 | = | 28 |
| 5. | 5 | × | 7 | = | 35 |
| 6. | 6 | × | 7 | = | 42 |
| 7. | 7 | × | 7 | = | 49 |
| 8. | 8 | × | 7 | = | 56 |
| 9. | 9 | × | 7 | = | 63 |
| 10. | 10 | × | 7 | = | 79 |
| 11. | 11 | × | 7 | = | 77 |
| 12. | 12 | × | 7 | = | 84 |

column 2

| | | | | | |
|---|---|---|---|---|---|
| 1. | 1 | × | 7 | = | 8 |
| 2. | 2 | × | 7 | = | 14 |
| 3. | 3 | × | 7 | = | 21 |
| 4. | 4 | × | 7 | = | 28 |
| 5. | 5 | × | 7 | = | 35 |
| 6. | 6 | × | 7 | = | 42 |
| 7. | 7 | × | 7 | = | 49 |
| 8. | 8 | × | 7 | = | 56 |
| 9. | 9 | × | 7 | = | 63 |
| 10. | 10 | × | 7 | = | 70 |
| 11. | 11 | × | 7 | = | 77 |
| 12. | 12 | × | 7 | = | 84 |

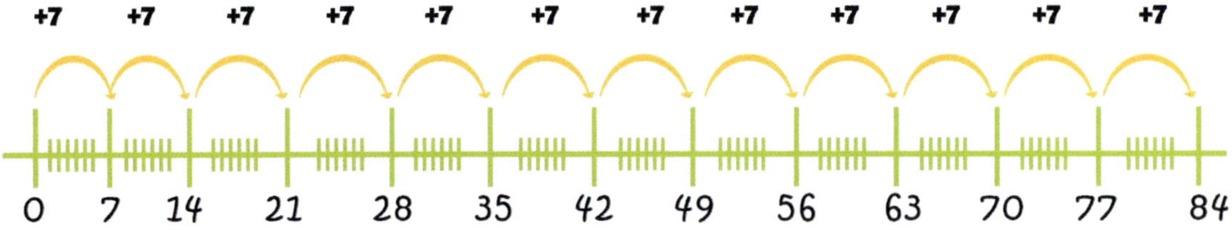


**Lets count in 7s. On the number line jump over 7 numbers at a time. Fill in the gaps below using the number line above.**

1. 7 14 21 ___ ___
2. 14 21 28 ___ ___
3. 21 28 35 ___ ___
4. 28 35 42 ___ ___
5. 35 42 49 ___ ___
6. 42 49 56 ___ ___
7. 49 56 63 ___ ___
8. 56 63 70 ___ ___

**Cover the number line above and try this multiplication table.**

9. 1 × 7 = 7
10. 2 × 7 = 14
11. 3 × 7 = 21
12. 4 × 7 = 28
13. 5 × 7 = 35
14. 6 × 7 = 42
15. 7 × 7 = 49
16. 8 × 7 = 56
17. 9 × 7 = 63
18. 10 × 7 = 70
19. 11 × 7 = 77
20. 12 × 7 = 84

**Fill in the gaps below using the 7 times table.**

| | | | | | |
|---|---|---|---|---|---|
| 1. | 7 | 14 | | 28 | |
| 2. | | 21 | | 35 | 42 |
| 3. | 21 | | 35 | | 49 |
| 4. | | 35 | 42 | | 56 |
| 5. | 35 | | 49 | 56 | |
| 6. | | 49 | | 63 | 70 |
| 7. | 49 | 56 | | 70 | |

**Fill in the missing numbers below using the 7 times table.**

| | | | | | |
|---|---|---|---|---|---|
| 8. | | × | 7 | = | 42 |
| 9. | 3 | × | | = | 21 |
| 10. | | × | 7 | = | 56 |
| 11. | 12 | × | 7 | = | |
| 12. | | × | 7 | = | 77 |
| 13. | 7 | × | | = | 49 |
| 14. | 4 | × | 7 | = | |
| 15. | | × | 7 | = | 7 |
| 16. | 10 | × | | = | 70 |
| 17. | 9 | × | 7 | = | |
| 18. | 2 | × | | = | 14 |
| 19. | | × | 7 | = | 35 |

# CHAPTER 2 - MULTIPLYING BY 7

We can also think about the times tables as adding the number again and again.
Adding the number seven times is the same as multiplying the number by 7.
Add the numbers below!

1. 1 + 1 + 1 + 1 + 1 + 1 + 1 = 7
2. 7 + 7 + 7 + 7 + 7 + 7 + 7 = 49
3. 6 + 6 + 6 + 6 + 6 + 6 + 6 = ______
4. 8 + 8 + 8 + 8 + 8 + 8 + 8 = ______
5. 4 + 4 + 4 + 4 + 4 + 4 + 4 = ______
6. 3 + 3 + 3 + 3 + 3 + 3 + 3 = ______
7. 9 + 9 + 9 + 9 + 9 + 9 + 9 = ______
8. 12 + 12 + 12 + 12 + 12 + 12 + 12 = ______
9. 5 + 5 + 5 + 5 + 5 + 5 + 5 = 40
10. 2 + 2 + 2 + 2 + 2 + 2 + 2 = 41
11. 10 + 10 + 10 + 10 + 10 + 10 + 10 = 70
12. 11 + 11 + 11 + 11 + 11 + 11 + 11 = 77

More practice. Write the answers to the multiplication below.

13. 12 x 7 = ☐
14. 6 x 7 = ☐
15. 10 x 7 = 70
16. 7 x 7 = ☐
17. 5 x 7 = ☐
18. 1 x 7 = ☐
19. 4 x 7 = ☐
20. 8 x 7 = ☐
21. 3 x 7 = ☐
22. 8 x 7 = ☐
23. 5 x 7 = ☐
24. 4 x 7 = ☐
25. 7 x 7 = ☐
26. 9 x 7 = ☐
27. 11 x 7 = ☐
28. 2 x 7 = ☐

**Circle the numbers on the grid that are products of the 7 times table.**

| | | | | | | | | | |
|---|---|---|---|---|---|---|---|---|---|
| 1 | 2 | 3 | 4 | 5 | 6 | 7 | 8 | 9 | 10 |
| 11 | 12 | 13 | 14 | 15 | 16 | 17 | 18 | 19 | 20 |
| 21 | 22 | 23 | 24 | 25 | 26 | 27 | 28 | 29 | 30 |
| 31 | 32 | 33 | 34 | 35 | 36 | 37 | 38 | 39 | 40 |
| 41 | 42 | 43 | 44 | 45 | 46 | 47 | 48 | 49 | 50 |
| 51 | 52 | 53 | 54 | 55 | 56 | 57 | 58 | 59 | 60 |
| 61 | 62 | 63 | 64 | 65 | 66 | 67 | 68 | 69 | 70 |
| 71 | 72 | 73 | 74 | 75 | 76 | 77 | 78 | 79 | 80 |

**Try this one. Write the answers!**

1. 3 x 7 = ______
2. 6 x 7 = ______
3. 9 x 7 = ______
4. 8 x 7 = ______
5. 12 x 7 = ______
6. 7 x 7 = ______
7. 3 x 7 = ______
8. 6 x 7 = ______
9. 5 x 7 = ______
10. 11 x 7 = ______
11. 10 x 7 = ______
12. 7 x 7 = ______
13. 1 x 7 = 8
14. 2 x 7 = 14
15. 5 x 7 = 75
16. 1 x 7 = 8
17. 10 x 7 = 70
18. 12 x 7 = 84
19. 2 x 7 = 14
20. 8 x 7 = 56
21. 4 x 7 = ______
22. 9 x 7 = ______
23. 4 x 7 = ______
24. 11 x 7 = 77

**More to practice. Write the answers to the x7 table.**

column 1

1. 3 x 7 = ______
2. 12 x 7 = ______
3. 11 x 7 = ______
4. 1 x 7 = ______
5. 2 x 7 = ______
6. 9 x 7 = ______
7. 8 x 7 = ______
8. 3 x 7 = ______
9. 9 x 7 = ______
10. 5 x 7 = ______
11. 11 x 7 = ______
12. 6 x 7 = ______
13. 10 x 7 = ______
14. 9 x 7 = ______
15. 4 x 7 = ______
16. 8 x 7 = ______
17. 3 x 7 = ______
18. 5 x 7 = ______
19. 4 x 7 = ______
20. 7 x 7 = ______

column 2

1. 2 x 7 = ______
2. 12 x 7 = ______
3. 1 x 7 = ______
4. 6 x 7 = ______
5. 7 x 7 = ______
6. 8 x 7 = ______
7. 11 x 7 = ______
8. 1 x 7 = ______
9. 12 x 7 = ______
10. 4 x 7 = ______
11. 10 x 7 = ______
12. 7 x 7 = ______
13. 9 x 7 = ______
14. 5 x 7 = ______
15. 2 x 7 = ______
16. 10 x 7 = ______
17. 3 x 7 = ______
18. 6 x 7 = ______
19. 9 x 7 = ______
20. 5 x 7 = ______

**Write the answers to the multiplication below.**

**Column 1**

| | | | | | |
|---|---|---|---|---|---|
| 1. | 12 | × | 7 | = | |
| 2. | 1 | × | 6 | = | |
| 3. | 10 | × | 7 | = | 70 |
| 4. | 3 | × | 6 | = | |
| 5. | 2 | × | 6 | = | |
| 6. | 6 | × | 7 | = | |
| 7. | 8 | × | 7 | = | |
| 8. | 5 | × | 7 | = | |
| 9. | 2 | × | 7 | = | |
| 10. | 4 | × | 6 | = | |
| 11. | 12 | × | 6 | = | |
| 12. | 5 | × | 6 | = | |
| 13. | 9 | × | 7 | = | |
| 14. | 11 | × | 7 | = | 77 |
| 15. | 8 | × | 6 | = | |
| 16. | 3 | × | 7 | = | |
| 17. | 7 | × | 6 | = | |
| 18. | 6 | × | 6 | = | |
| 19. | 7 | × | 7 | = | |
| 20. | 1 | × | 7 | = | |
| 21. | 11 | × | 6 | = | 66 |
| 22. | 9 | × | 6 | = | |
| 23. | 4 | × | 7 | = | |
| 24. | 10 | × | 6 | = | 60 |
| 25. | 2 | × | 6 | = | |
| 26. | 1 | × | 7 | = | |
| 27. | 4 | × | 6 | = | |
| 28. | 3 | × | 7 | = | |
| 29. | 6 | × | 6 | = | |
| 30. | 5 | × | 7 | = | |

**Column 2**

| | | | | | |
|---|---|---|---|---|---|
| 1. | 1 | × | 7 | = | |
| 2. | 11 | × | 7 | = | |
| 3. | 7 | × | 6 | = | |
| 4. | 4 | × | 7 | = | |
| 5. | 12 | × | 7 | = | |
| 6. | 8 | × | 6 | = | |
| 7. | 6 | × | 6 | = | |
| 8. | 11 | × | 6 | = | |
| 9. | 5 | × | 7 | = | |
| 10. | 9 | × | 7 | = | |
| 11. | 3 | × | 6 | = | |
| 12. | 4 | × | 6 | = | |
| 13. | 12 | × | 6 | = | |
| 14. | 6 | × | 7 | = | |
| 15. | 7 | × | 7 | = | |
| 16. | 10 | × | 6 | = | |
| 17. | 2 | × | 6 | = | |
| 18. | 3 | × | 7 | = | |
| 19. | 2 | × | 7 | = | |
| 20. | 8 | × | 7 | = | |
| 21. | 5 | × | 6 | = | |
| 22. | 1 | × | 6 | = | |
| 23. | 10 | × | 7 | = | 70 |
| 24. | 9 | × | 6 | = | |
| 25. | 8 | × | 6 | = | |
| 26. | 7 | × | 7 | = | |
| 27. | 10 | × | 6 | = | 60 |
| 28. | 9 | × | 7 | = | |
| 29. | 12 | × | 6 | = | |
| 30. | 11 | × | 7 | = | 77 |

**Write the answers to the multiplication below.**

**Column 1**

1. 5 × 6 = ______
2. 1 × 7 = ______
3. 2 × 7 = ______
4. 4 × 6 = ______
5. 5 × 7 = ______
6. 10 × 6 = ______
7. 8 × 6 = ______
8. 11 × 7 = ______
9. 12 × 7 = 84
10. 9 × 6 = ______
11. 4 × 7 = ______
12. 7 × 6 = ______
13. 12 × 6 = ______
14. 7 × 7 = ______
15. 3 × 6 = ______
16. 9 × 7 = ______
17. 2 × 6 = ______
18. 3 × 7 = ______
19. 6 × 6 = ______
20. 11 × 6 = ______
21. 8 × 7 = ______
22. 1 × 6 = ______
23. 6 × 7 = ______
24. 10 × 7 = ______
25. 1 × 6 = ______
26. 2 × 7 = ______
27. 3 × 6 = ______
28. 4 × 7 = ______
29. 5 × 6 = ______
30. 6 × 7 = ______

**Column 2**

1. 1 × 6 = ______
2. 2 × 7 = ______
3. 7 × 6 = ______
4. 8 × 7 = ______
5. 6 × 7 = ______
6. 9 × 6 = ______
7. 3 × 7 = ______
8. 11 × 7 = ______
9. 2 × 6 = ______
10. 7 × 7 = ______
11. 3 × 6 = ______
12. 4 × 6 = ______
13. 10 × 6 = ______
14. 10 × 7 = ______
15. 12 × 7 = ______
16. 5 × 6 = ______
17. 6 × 6 = ______
18. 1 × 7 = ______
19. 11 × 6 = ______
20. 12 × 6 = ______
21. 5 × 7 = ______
22. 4 × 7 = ______
23. 9 × 7 = ______
24. 8 × 6 = ______
25. 7 × 6 = ______
26. 8 × 7 = ______
27. 9 × 6 = ______
28. 10 × 7 = ______
29. 11 × 6 = ______
30. 12 × 7 = ______

**Read the multiplication table aloud and slowly.**

| | | | | | | | | | |
|---|---|---|---|---|---|---|---|---|---|
| 1 | × | 8 | = | 8 | 7 | × | 8 | = | 56 |
| 2 | × | 8 | = | 16 | 8 | × | 8 | = | 64 |
| 3 | × | 8 | = | 24 | 9 | × | 8 | = | 72 |
| 4 | × | 8 | = | 32 | 10 | × | 8 | = | 80 |
| 5 | × | 8 | = | 40 | 11 | × | 8 | = | 88 |
| 6 | × | 8 | = | 48 | 12 | × | 8 | = | 96 |

Hint: A number times 8 is the same as doubling a number 3 times.

3 X 8 = 24 and (3+3=6), (6+6=12) and (12+12=24)

5 X 8 = 40 and (5+5=10), (10+10=20), (20+20=40)

7 X 8 = 56 and (7+7=14), (14+14=28), (28+28=56)

- **Look at the 8 times table above**
- **Say it out slowly and loud**
- **Cover it with your hand or a piece of paper**
- **Write the answers from memory below**
- **Check your answers**
- **Repeat second column**

column 1

| | | | | | |
|---|---|---|---|---|---|
| 1. | 1 | × | 8 | = | |
| 2. | 2 | × | 8 | = | |
| 3. | 3 | × | 8 | = | |
| 4. | 4 | × | 8 | = | |
| 5. | 5 | × | 8 | = | |
| 6. | 6 | × | 8 | = | |
| 7. | 7 | × | 8 | = | |
| 8. | 8 | × | 8 | = | |
| 9. | 9 | × | 8 | = | |
| 10. | 10 | × | 8 | = | |
| 11. | 11 | × | 8 | = | |
| 12. | 12 | × | 8 | = | |

column 2

| | | | | | |
|---|---|---|---|---|---|
| 1. | 1 | × | 8 | = | |
| 2. | 2 | × | 8 | = | |
| 3. | 3 | × | 8 | = | |
| 4. | 4 | × | 8 | = | |
| 5. | 5 | × | 8 | = | |
| 6. | 6 | × | 8 | = | |
| 7. | 7 | × | 8 | = | |
| 8. | 8 | × | 8 | = | |
| 9. | 9 | × | 8 | = | |
| 10. | 10 | × | 8 | = | |
| 11. | 11 | × | 8 | = | |
| 12. | 12 | × | 8 | = | |

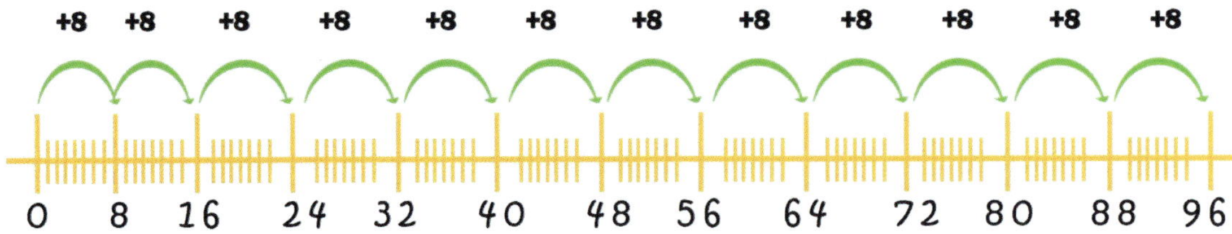


**Lets count in 8s. On the number line jump over 8 numbers at a time. Fill in the gaps below using the number line above.**

1. 8 16 24 ___ ___
2. 16 24 32 ___ ___
3. 24 32 40 ___ ___
4. 32 40 48 ___ ___
5. 40 48 56 ___ ___
6. 48 56 64 ___ ___
7. 56 64 72 ___ ___
8. 64 72 80 ___ ___

**Cover the number line above and try this multiplication table.**

| | | | | | | | | | | | |
|---|---|---|---|---|---|---|---|---|---|---|---|
| 9. | 1 | × | 8 | = | ☐ | 15. | 7 | × | 8 | = | ☐ |
| 10. | 2 | × | 8 | = | ☐ | 16. | 8 | × | 8 | = | ☐ |
| 11. | 3 | × | 8 | = | ☐ | 17. | 9 | × | 8 | = | ☐ |
| 12. | 4 | × | 8 | = | ☐ | 18. | 10 | × | 8 | = | ☐ |
| 13. | 5 | × | 8 | = | ☐ | 19. | 11 | × | 8 | = | ☐ |
| 14. | 6 | × | 8 | = | ☐ | 20. | 12 | × | 8 | = | ☐ |

**Fill in the gaps below using the 8 times table.**

| | | | | | |
|---|---|---|---|---|---|
| 1. | 8 | | 24 | | 40 |
| 2. | | 24 | 32 | | 48 |
| 3. | 24 | | 40 | 48 | |
| 4. | | 40 | | 56 | 64 |
| 5. | 40 | | 56 | 64 | |
| 6. | | 56 | | 72 | 80 |
| 7. | 56 | | 72 | 80 | |

**Fill in the missing numbers below using the 8 times table.**

| | | | | | |
|---|---|---|---|---|---|
| 8. | | × | 8 | = | 56 |
| 9. | 5 | × | | = | 40 |
| 10. | | × | 8 | = | 80 |
| 11. | 3 | × | 8 | = | |
| 12. | | × | 8 | = | 8 |
| 13. | 12 | × | | = | 96 |
| 14. | 2 | × | 8 | = | |
| 15. | | × | 8 | = | 32 |
| 16. | 11 | × | | = | 88 |
| 17. | 9 | × | 8 | = | |
| 18. | 6 | × | | = | 48 |
| 19. | | × | 8 | = | 64 |

We can also think about the times tables as adding the number again and again.
Adding the number eight times is the same as multiplying the number by 8.
Add the numbers below!

1. 5 + 5 + 5 + 5 + 5 + 5 + 5 + 5 =
2. 7 + 7 + 7 + 7 + 7 + 7 + 7 + 7 =
3. 1 + 1 + 1 + 1 + 1 + 1 + 1 + 1 =
4. 6 + 6 + 6 + 6 + 6 + 6 + 6 + 6 =
5. 11 + 11 + 11 + 11 + 11 + 11 + 11 + 11 =
6. 3 + 3 + 3 + 3 + 3 + 3 + 3 + 3 =
7. 9 + 9 + 9 + 9 + 9 + 9 + 9 + 9 =
8. 4 + 4 + 4 + 4 + 4 + 4 + 4 + 4 =
9. 10 + 10 + 10 + 10 + 10 + 10 + 10 + 10 =
10. 12 + 12 + 12 + 12 + 12 + 12 + 12 + 12 =
11. 2 + 2 + 2 + 2 + 2 + 2 + 2 + 2 =
12. 8 + 8 + 8 + 8 + 8 + 8 + 8 + 8 =

More practice. Write the answers to the multiplication below.

13. 3 x 8 =
14. 8 x 8 =
15. 1 x 8 =
16. 12 x 8 =
17. 9 x 8 =
18. 4 x 8 =
19. 5 x 8 =
20. 8 x 8 =
21. 5 x 8 =
22. 4 x 8 =
23. 2 x 8 =
24. 7 x 8 =
25. 10 x 8 =
26. 7 x 8 =
27. 11 x 8 =
28. 6 x 8 =

**Circle the numbers on the grid that are products of the 8 times table.**

| | | | | | | | | | |
|---|---|---|---|---|---|---|---|---|---|
| 1 | 2 | 3 | 4 | 5 | 6 | 7 | 8 | 9 | 10 |
| 11 | 12 | 13 | 14 | 15 | 16 | 17 | 18 | 19 | 20 |
| 21 | 22 | 23 | 24 | 25 | 26 | 27 | 28 | 29 | 30 |
| 31 | 32 | 33 | 34 | 35 | 36 | 37 | 38 | 39 | 40 |
| 41 | 42 | 43 | 44 | 45 | 46 | 47 | 48 | 49 | 50 |
| 51 | 52 | 53 | 54 | 55 | 56 | 57 | 58 | 59 | 60 |
| 61 | 62 | 63 | 64 | 65 | 66 | 67 | 68 | 69 | 70 |
| 71 | 72 | 73 | 74 | 75 | 76 | 77 | 78 | 79 | 80 |

**Try this one. Write the answers!**

1. 2 x 8 = ______
2. 10 x 8 = ______
3. 3 x 8 = ______
4. 10 x 8 = ______
5. 11 x 8 = ______
6. 7 x 8 = ______
7. 4 x 8 = ______
8. 1 x 8 = ______
9. 3 x 8 = ______
10. 8 x 8 = ______
11. 7 x 8 = ______
12. 5 x 8 = ______
13. 4 x 8 = ______
14. 9 x 8 = ______
15. 2 x 8 = ______
16. 5 x 8 = ______
17. 8 x 8 = ______
18. 6 x 8 = ______
19. 12 x 8 = ______
20. 1 x 8 = ______
21. 6 x 8 = ______
22. 12 x 8 = ______
23. 9 x 8 = ______
24. 11 x 8 = ______

**More to practice. Write the answers to the x8 table.**

column 1

1. 5 x 8 = ________
2. 9 x 8 = ________
3. 3 x 8 = ________
4. 12 x 8 = ________
5. 11 x 8 = ________
6. 6 x 8 = ________
7. 10 x 8 = ________
8. 4 x 8 = ________
9. 8 x 8 = ________
10. 7 x 8 = ________
11. 9 x 8 = ________
12. 3 x 8 = ________
13. 1 x 8 = ________
14. 2 x 8 = ________
15. 11 x 8 = ________
16. 3 x 8 = ________
17. 9 x 8 = ________
18. 5 x 8 = ________
19. 8 x 8 = ________
20. 4 x 8 = ________

column 2

1. 1 x 8 = ________
2. 7 x 8 = ________
3. 5 x 8 = ________
4. 12 x 8 = ________
5. 1 x 8 = ________
6. 7 x 8 = ________
7. 12 x 8 = ________
8. 10 x 8 = ________
9. 11 x 8 = ________
10. 3 x 8 = ________
11. 2 x 8 = ________
12. 9 x 8 = ________
13. 6 x 8 = ________
14. 3 x 8 = ________
15. 4 x 8 = ________
16. 2 x 8 = ________
17. 9 x 8 = ________
18. 5 x 8 = ________
19. 10 x 8 = ________
20. 8 x 8 = ________

**Read the multiplication table aloud and slowly.**

| | | | | | | | | | |
|---|---|---|---|---|---|---|---|---|---|
| 1 | × | 9 | = | 9 | 7 | × | 9 | = | 63 |
| 2 | × | 9 | = | 18 | 8 | × | 9 | = | 72 |
| 3 | × | 9 | = | 27 | 9 | × | 9 | = | 81 |
| 4 | × | 9 | = | 36 | 10 | × | 9 | = | 90 |
| 5 | × | 9 | = | 45 | 11 | × | 9 | = | 99 |
| 6 | × | 9 | = | 54 | 12 | × | 9 | = | 108 |

Hint: In any multiple of 9, the digits of the answer will add up to 9.

$3 \times 9 = 27$ and $2 + 7 = 9$

$5 \times 9 = 45$ and $4 + 5 = 9$

$1 \times 9 = 99$ and $9 + 9 = 18$, $1 + 8 = 9$

$12 \times 9 = 108$ and $1 + 0 + 8 = 9$

- **Look at the 9 times table above**
- **Say it out slowly and loud**
- **Cover it with your hand or a piece of paper**
- **Write the answers from memory below**
- **Check your answers**
- **Repeat second column**

column 1

1. 1 × 9 =
2. 2 × 9 =
3. 3 × 9 =
4. 4 × 9 =
5. 5 × 9 =
6. 6 × 9 =
7. 7 × 9 =
8. 8 × 9 =
9. 9 × 9 =
10. 10 × 9 =
11. 11 × 9 =
12. 12 × 9 =

column 2

1. 1 × 9 =
2. 2 × 9 =
3. 3 × 9 =
4. 4 × 9 =
5. 5 × 9 =
6. 6 × 9 =
7. 7 × 9 =
8. 8 × 9 =
9. 9 × 9 =
10. 10 × 9 =
11. 11 × 9 =
12. 12 × 9 =

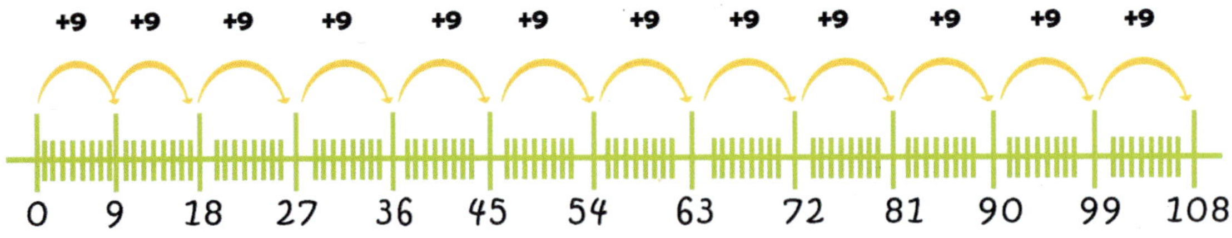


**Lets count in 9s. On the number line jump over 9 numbers at a time.
Fill in the gaps below using the number line above.**

| | | | | | |
|---|---|---|---|---|---|
| 1. | 9 | 18 | 27 | 36 | 45 |
| 2. | 18 | 27 | 36 | 45 | 54 |
| 3. | 27 | 36 | 45 | 54 | 63 |
| 4. | 36 | 45 | 54 | 72 | 81 |
| 5. | 45 | 54 | 63 | | |
| 6. | 54 | 63 | 72 | | |
| 7. | 63 | 72 | 81 | | |
| 8. | 72 | 81 | 90 | | |

**Cover the number line above and try this multiplication table.**

9. 1 × 9 = ☐
10. 2 × 9 = ☐
11. 3 × 9 = ☐
12. 4 × 9 = ☐
13. 5 × 9 = ☐
14. 6 × 9 = ☐
15. 7 × 9 = ☐
16. 8 × 9 = ☐
17. 9 × 9 = ☐
18. 10 × 9 = ☐
19. 11 × 9 = ☐
20. 12 × 9 = ☐

**Fill in the gaps below using the 9 times table.**

| | | | | | |
|---|---|---|---|---|---|
| 1. | 9 | | 27 | | 45 |
| 2. | | 27 | 36 | | 54 |
| 3. | 27 | | 45 | 54 | |
| 4. | | 45 | | 63 | 72 |
| 5. | 45 | | 63 | 72 | |
| 6. | 54 | | 72 | | 90 |
| 7. | | 72 | 81 | 90 | |

**Fill in the missing numbers below using the 9 times table.**

| | | | | | |
|---|---|---|---|---|---|
| 8. | | × | 9 | = | 54 |
| 9. | 8 | × | | = | 72 |
| 10. | | × | 9 | = | 36 |
| 11. | 10 | × | 9 | = | |
| 12. | | × | 9 | = | 9 |
| 13. | 2 | × | | = | 18 |
| 14. | 12 | × | 9 | = | |
| 15. | | × | 9 | = | 27 |
| 16. | 11 | × | | = | 99 |
| 17. | 9 | × | 9 | = | |
| 18. | 5 | × | | = | 45 |
| 19. | | × | 9 | = | 63 |

**We can also think about the times tables as adding the number again and again.
Adding the number nine times is the same as multiplying the number by 9.
Add the numbers below!**

1. 3 + 3 + 3 + 3 + 3 + 3 + 3 + 3 + 3 =
2. 8 + 8 + 8 + 8 + 8 + 8 + 8 + 8 + 8 =
3. 7 + 7 + 7 + 7 + 7 + 7 + 7 + 7 + 7 =
4. 5 + 5 + 5 + 5 + 5 + 5 + 5 + 5 + 5 =
5. 12 + 12 + 12 + 12 + 12 + 12 + 12 + 12 + 12 =
6. 11 + 11 + 11 + 11 + 11 + 11 + 11 + 11 + 11 =
7. 9 + 9 + 9 + 9 + 9 + 9 + 9 + 9 + 9 =
8. 1 + 1 + 1 + 1 + 1 + 1 + 1 + 1 + 1 =
9. 4 + 4 + 4 + 4 + 4 + 4 + 4 + 4 + 4 =
10. 2 + 2 + 2 + 2 + 2 + 2 + 2 + 2 + 2 =
11. 6 + 6 + 6 + 6 + 6 + 6 + 6 + 6 + 6 =
12. 10 + 10 + 10 + 10 + 10 + 10 + 10 + 10 + 10 =

**More practice. Write the answers to the multiplication below.**

| | |
|---|---|
| 13. 5 x 9 = | 21. 6 x 9 = |
| 14. 4 x 9 = | 22. 8 x 9 = |
| 15. 8 x 9 = | 23. 7 x 9 = |
| 16. 7 x 9 = | 24. 4 x 9 = |
| 17. 3 x 9 = | 25. 10 x 9 = |
| 18. 1 x 9 = | 26. 9 x 9 = |
| 19. 2 x 9 = | 27. 11 x 9 = |
| 20. 5 x 9 = | 28. 12 x 9 = |

**Circle the numbers on the grid that are products of the 9 times table.**

| | | | | | | | | | |
|---|---|---|---|---|---|---|---|---|---|
| 1 | 2 | 3 | 4 | 5 | 6 | 7 | 8 | 9 | 10 |
| 11 | 12 | 13 | 14 | 15 | 16 | 17 | 18 | 19 | 20 |
| 21 | 22 | 23 | 24 | 25 | 26 | 27 | 28 | 29 | 30 |
| 31 | 32 | 33 | 34 | 35 | 36 | 37 | 38 | 39 | 40 |
| 41 | 42 | 43 | 44 | 45 | 46 | 47 | 48 | 49 | 50 |
| 51 | 52 | 53 | 54 | 55 | 56 | 57 | 58 | 59 | 60 |
| 61 | 62 | 63 | 64 | 65 | 66 | 67 | 68 | 69 | 70 |
| 71 | 72 | 73 | 74 | 75 | 76 | 77 | 78 | 79 | 80 |
| 81 | 82 | 83 | 84 | 85 | 86 | 87 | 88 | 89 | 90 |

**Try this one. Write the answers!**

1. 3 x 9 = ______
2. 10 x 9 = ______
3. 7 x 9 = ______
4. 4 x 9 = ______
5. 1 x 9 = ______
6. 9 x 9 = ______
7. 1 x 9 = ______
8. 6 x 9 = ______
9. 7 x 9 = ______
10. 4 x 9 = ______
11. 2 x 9 = ______
12. 10 x 9 = ______
13. 2 x 9 = ______
14. 6 x 9 = ______
15. 11 x 9 = ______
16. 12 x 9 = ______
17. 8 x 9 = ______
18. 9 x 9 = ______
19. 3 x 9 = ______
20. 8 x 9 = ______
21. 11 x 9 = ______
22. 5 x 9 = ______
23. 12 x 9 = ______
24. 5 x 9 = ______

**More to practice. Write the answers to the x9 table.**

column 1

1. 3 x 9 = ______
2. 9 x 9 = ______
3. 10 x 9 = ______
4. 11 x 9 = ______
5. 8 x 9 = ______
6. 3 x 9 = ______
7. 5 x 9 = ______
8. 4 x 9 = ______
9. 7 x 9 = ______
10. 5 x 9 = ______
11. 9 x 9 = ______
12. 3 x 9 = ______
13. 11 x 9 = ______
14. 6 x 9 = ______
15. 1 x 9 = ______
16. 9 x 9 = ______
17. 12 x 9 = ______
18. 4 x 9 = ______
19. 8 x 9 = ______
20. 2 x 9 = ______

column 2

1. 11 x 9 = ______
2. 4 x 9 = ______
3. 10 x 9 = ______
4. 9 x 9 = ______
5. 12 x 9 = ______
6. 8 x 9 = ______
7. 11 x 9 = ______
8. 2 x 9 = ______
9. 3 x 9 = ______
10. 5 x 9 = ______
11. 3 x 9 = ______
12. 7 x 9 = ______
13. 8 x 9 = ______
14. 5 x 9 = ______
15. 3 x 9 = ______
16. 1 x 9 = ______
17. 12 x 9 = ______
18. 6 x 9 = ______
19. 9 x 9 = ______
20. 4 x 9 = ______

**Write the answers to the multiplication below.**

**Column 1**

1. 6 × 8 = ______
2. 4 × 8 = ______
3. 9 × 8 = ______
4. 10 × 9 = ______
5. 11 × 8 = ______
6. 3 × 9 = ______
7. 8 × 9 = ______
8. 3 × 8 = ______
9. 6 × 8 = ______
10. 2 × 9 = ______
11. 1 × 8 = ______
12. 1 × 9 = ______
13. 5 × 8 = ______
14. 4 × 8 = ______
15. 5 × 9 = ______
16. 2 × 8 = ______
17. 11 × 9 = ______
18. 7 × 9 = ______
19. 10 × 8 = ______
20. 12 × 9 = ______
21. 9 × 9 = ______
22. 8 × 8 = ______
23. 6 × 9 = ______
24. 4 × 9 = ______
25. 3 × 9 = ______
26. 12 × 8 = ______
27. 1 × 9 = ______
28. 5 × 9 = ______
29. 2 × 8 = ______
30. 7 × 8 = ______

**Column 2**

1. 12 × 8 = ______
2. 11 × 9 = ______
3. 9 × 9 = ______
4. 1 × 8 = ______
5. 5 × 8 = ______
6. 4 × 8 = ______
7. 7 × 8 = ______
8. 11 × 9 = ______
9. 8 × 9 = ______
10. 9 × 9 = ______
11. 10 × 9 = ______
12. 6 × 8 = ______
13. 2 × 9 = ______
14. 4 × 9 = ______
15. 6 × 9 = ______
16. 11 × 8 = ______
17. 1 × 9 = ______
18. 12 × 9 = ______
19. 12 × 8 = ______
20. 2 × 8 = ______
21. 3 × 9 = ______
22. 7 × 9 = ______
23. 3 × 8 = ______
24. 5 × 9 = ______
25. 7 × 9 = ______
26. 10 × 8 = ______
27. 9 × 8 = ______
28. 8 × 8 = ______
29. 10 × 8 = ______
30. 8 × 8 = ______

**More Practice. Write answers to the multiplication below.**

**Column 1**

1. 12 × 9 = ________
2. 1 × 9 = ________
3. 12 × 8 = ________
4. 11 × 8 = ________
5. 6 × 8 = ________
6. 10 × 8 = ________
7. 4 × 9 = ________
8. 2 × 8 = ________
9. 5 × 8 = ________
10. 8 × 8 = ________
11. 7 × 9 = ________
12. 1 × 8 = ________
13. 5 × 8 = ________
14. 1 × 8 = ________
15. 6 × 9 = ________
16. 3 × 8 = ________
17. 4 × 9 = ________
18. 2 × 9 = ________
19. 7 × 8 = ________
20. 3 × 8 = ________
21. 9 × 9 = ________
22. 8 × 9 = ________
23. 11 × 9 = ________
24. 2 × 9 = ________
25. 5 × 9 = ________
26. 6 × 9 = ________
27. 10 × 9 = ________
28. 4 × 8 = ________
29. 9 × 8 = ________
30. 3 × 9 = ________

**Column 2**

1. 6 × 8 = ________
2. 10 × 9 = ________
3. 1 × 9 = ________
4. 8 × 9 = ________
5. 7 × 8 = ________
6. 12 × 9 = ________
7. 7 × 9 = ________
8. 8 × 9 = ________
9. 4 × 8 = ________
10. 9 × 9 = ________
11. 2 × 8 = ________
12. 7 × 8 = ________
13. 6 × 9 = ________
14. 10 × 9 = ________
15. 2 × 9 = ________
16. 8 × 8 = ________
17. 9 × 8 = ________
18. 10 × 8 = ________
19. 11 × 8 = ________
20. 9 × 8 = ________
21. 11 × 9 = ________
22. 5 × 8 = ________
23. 9 × 8 = ________
24. 5 × 9 = ________
25. 3 × 9 = ________
26. 12 × 9 = ________
27. 4 × 9 = ________
28. 3 × 8 = ________
29. 1 × 8 = ________
30. 12 × 8 = ________

**Read the multiplication table aloud and slowly.**

| | | | | | | | | | |
|---|---|---|---|---|---|---|---|---|---|
| 1 | × | 11 | = | 11 | 7 | × | 11 | = | 77 |
| 2 | × | 11 | = | 22 | 8 | × | 11 | = | 88 |
| 3 | × | 11 | = | 33 | 9 | × | 11 | = | 99 |
| 4 | × | 11 | = | 44 | 10 | × | 11 | = | 110 |
| 5 | × | 11 | = | 55 | 11 | × | 11 | = | 121 |
| 6 | × | 11 | = | 66 | 12 | × | 11 | = | 132 |

- Look at the 11 times table above
- Say it out slowly and loud
- Cover it with your hand or a piece of paper
- Write the answers from memory below
- Check your answers
- Repeat second column

column 1

| | | | | | |
|---|---|---|---|---|---|
| 1. | 1 | × | 11 | = | 11 |
| 2. | 2 | × | 11 | = | |
| 3. | 3 | × | 11 | = | 22 |
| 4. | 4 | × | 11 | = | 33 |
| 5. | 5 | × | 11 | = | 44 |
| 6. | 6 | × | 11 | = | 55 |
| 7. | 7 | × | 11 | = | 66 |
| 8. | 8 | × | 11 | = | |
| 9. | 9 | × | 11 | = | 77 |
| 10. | 10 | × | 11 | = | 88 |
| 11. | 11 | × | 11 | = | 99 |
| 12. | 12 | × | 11 | = | 110 |

column 2

| | | | | | |
|---|---|---|---|---|---|
| 1. | 1 | × | 11 | = | |
| 2. | 2 | × | 11 | = | |
| 3. | 3 | × | 11 | = | |
| 4. | 4 | × | 11 | = | |
| 5. | 5 | × | 11 | = | |
| 6. | 6 | × | 11 | = | |
| 7. | 7 | × | 11 | = | |
| 8. | 8 | × | 11 | = | |
| 9. | 9 | × | 11 | = | |
| 10. | 10 | × | 11 | = | |
| 11. | 11 | × | 11 | = | |
| 12. | 12 | × | 11 | = | |

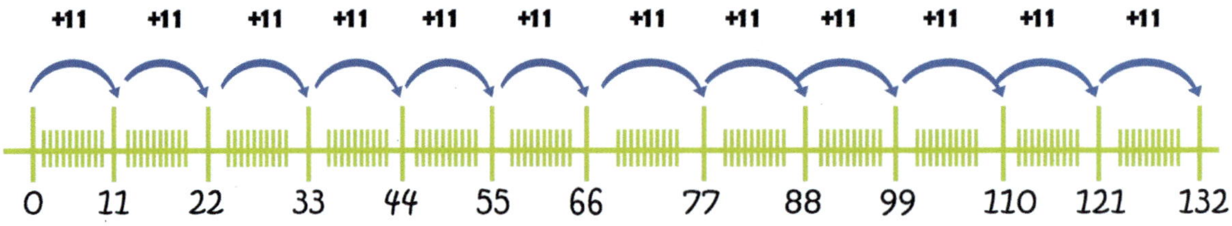


**Lets count in 11s. On the number line jump over 11 numbers at a time. Fill in the gaps below using the number line above.**

1. 11 22 33 ____ ____
2. 22 33 44 ____ ____
3. 33 44 55 ____ ____
4. 44 55 66 ____ ____
5. 55 66 77 ____ ____
6. 66 77 88 ____ ____
7. 77 88 99 ____ ____
8. 88 99 110 ____ ____

**Cover the number line above and try this multiplication table.**

| | | | | | | | | | | | |
|---|---|---|---|---|---|---|---|---|---|---|---|
| 9. | 1 | × | 11 = | 11 | | 15. | 7 | × | 11 = | 77 |
| 10. | 2 | × | 11 = | 22 | | 16. | 8 | × | 11 = | 88 |
| 11. | 3 | × | 11 = | 33 | | 17. | 9 | × | 11 = | 99 |
| 12. | 4 | × | 11 = | 44 | | 18. | 10 | × | 11 = | 110 |
| 13. | 5 | × | 11 = | 55 | | 19. | 11 | × | 11 = | 121 |
| 14. | 6 | × | 11 = | 64 | | 20. | 12 | × | 11 = | 132 |

**Fill in the gaps below using the 11 times table.**

| | | | | | |
|---|---|---|---|---|---|
| 1. | 11 | 22 | 33 | 44 | 55 |
| 2. | 22 | 33 | 44 | 55 | 66 |
| 3. | 33 | 44 | 55 | 66 | 77 |
| 4. | 44 | 55 | 66 | 77 | 88 |
| 5. | 55 | 66 | 77 | 88 | 99 |
| 6. | 66 | 77 | 88 | 99 | 110 |
| 7. | 77 | 88 | 99 | 110 | 120 |

**Fill in the missing numbers below using the 11 times table.**

| | | | | | | |
|---|---|---|---|---|---|---|
| 8. | 3 | × | 11 | = | 33 |
| 9. | 11 | × | 11 | = | 121 |
| 10. | 8 | × | 11 | = | 88 |
| 11. | 9 | × | 11 | = | 99 |
| 12. | 1 | × | 11 | = | 11 |
| 13. | 7 | × | 11 | = | 77 |
| 14. | 10 | × | 11 | = | 110 |
| 15. | 4 | × | 11 | = | 44 |
| 16. | 12 | × | 11 | = | 132 |
| 17. | 2 | × | 11 | = | 22 |
| 18. | 5 | × | 11 | = | 55 |
| 19. | 6 | × | 11 | = | 66 |

**We can also think about the times tables as adding the number again and again. Adding the number eleven times is the same as multiplying the number by 11. Add the numbers below!**

1. 9 + 9 + 9 + 9 + 9 + 9 + 9 + 9 + 9 + 9 + 9 =
2. 6 + 6 + 6 + 6 + 6 + 6 + 6 + 6 + 6 + 6 + 6 =
3. 5 + 5 + 5 + 5 + 5 + 5 + 5 + 5 + 5 + 5 + 5 = 65
4. 10 + 10 + 10 + 10 + 10 + 10 + 10 + 10 + 10 + 10 + 10 = 100
5. 11 + 11 + 11 + 11 + 11 + 11 + 11 + 11 + 11 + 11 + 11 =
6. 2 + 2 + 2 + 2 + 2 + 2 + 2 + 2 + 2 + 2 + 2 = 22
7. 3 + 3 + 3 + 3 + 3 + 3 + 3 + 3 + 3 + 3 + 3 =
8. 1 + 1 + 1 + 1 + 1 + 1 + 1 + 1 + 1 + 1 + 1 = 11
9. 8 + 8 + 8 + 8 + 8 + 8 + 8 + 8 + 8 + 8 + 8 =
10. 7 + 7 + 7 + 7 + 7 + 7 + 7 + 7 + 7 + 7 + 7 =
11. 12 + 12 + 12 + 12 + 12 + 12 + 12 + 12 + 12 + 12 + 12 =
12. 4 + 4 + 4 + 4 + 4 + 4 + 4 + 4 + 4 + 4 + 4 =

**More practice. Write the answers to the multiplication below.**

13. 7 x 11 =
14. 9 x 11 =
15. 1 x 11 =
16. 10 x 11 =
17. 7 x 11 =
18. 5 x 11 =
19. 8 x 11 =
20. 11 x 11 =
21. 4 x 11 =
22. 8 x 11 =
23. 2 x 11 =
24. 3 x 11 =
25. 5 x 11 =
26. 4 x 11 =
27. 12 x 11 =
28. 6 x 11 =

**Circle the numbers on the grid that are products of the 11 times table.**

| | | | | | | | | | |
|---|---|---|---|---|---|---|---|---|---|
| 1 | 2 | 3 | 4 | 5 | 6 | 7 | 8 | 9 | 10 |
| 11 | 12 | 13 | 14 | 15 | 16 | 17 | 18 | 19 | 20 |
| 21 | 22 | 23 | 24 | 25 | 26 | 27 | 28 | 29 | 30 |
| 31 | 32 | 33 | 34 | 35 | 36 | 37 | 38 | 39 | 40 |
| 41 | 42 | 43 | 44 | 45 | 46 | 47 | 48 | 49 | 50 |
| 51 | 52 | 53 | 54 | 55 | 56 | 57 | 58 | 59 | 60 |
| 61 | 62 | 63 | 64 | 65 | 66 | 67 | 68 | 69 | 70 |
| 71 | 72 | 73 | 74 | 75 | 76 | 77 | 78 | 79 | 80 |
| 81 | 82 | 83 | 84 | 85 | 86 | 87 | 88 | 89 | 90 |
| 91 | 92 | 93 | 94 | 95 | 96 | 97 | 98 | 99 | 100 |

**Try this one. Write the answers!**

1. 5 x 11 = 65
2. 7 x 11 = 77
3. 4 x 11 = ______
4. 2 x 11 = ______
5. 1 x 11 = ______
6. 10 x 11 = ______
7. 2 x 11 = ______
8. 1 x 11 = ______
9. 12 x 11 = ______
10. 4 x 11 = ______
11. 9 x 11 = ______
12. 10 x 11 = ______
13. 8 x 11 = ______
14. 9 x 11 = ______
15. 3 x 11 = ______
16. 12 x 11 = ______
17. 11 x 11 = ______
18. 7 x 11 = ______
19. 6 x 11 = ______
20. 3 x 11 = ______
21. 8 x 11 = ______
22. 11 x 11 = ______
23. 5 x 11 = ______
24. 6 x 11 = ______

**More to practice. Write the answers to the x11 table.**

column 1

1. 11 x 11 = 121
2. 5 x 11 = 55
3. 2 x 11 = 22
4. 8 x 11 = 88
5. 9 x 11 = 99
6. 12 x 11 = 132
7. 9 x 11 = 99
8. 6 x 11 = 66
9. 4 x 11 = 44
10. 8 x 11 = 88
11. 10 x 11 = 110
12. 1 x 11 = 11
13. 5 x 11 = 55
14. 11 x 11 = 121
15. 4 x 11 = 44
16. 7 x 11 = 77
17. 3 x 11 = 33
18. 12 x 11 = 132
19. 6 x 11 = 66
20. 3 x 11 = 33

column 2

1. 8 x 11 = 88
2. 5 x 11 = 56
3. 7 x 11 = 77
4. 9 x 11 = 99
5. 5 x 11 = 55
6. 2 x 11 = 22
7. 6 x 11 = 66
8. 1 x 11 = 11
9. 11 x 11 = 121
10. 3 x 11 = 33
11. 9 x 11 = 99
12. 3 x 11 = 33
13. 10 x 11 = 110
14. 7 x 11 = 77
15. 4 x 11 = 44
16. 9 x 11 = 99
17. 3 x 11 = 33
18. 12 x 11 = 132
19. 4 x 11 = 44
20. 11 x 11 = 121

**Read the multiplication table aloud and slowly.**

| | | | | | | | | | |
|---|---|---|---|---|---|---|---|---|---|
| 1 | × | 12 | = | 12 | 7 | × | 12 | = | 84 |
| 2 | × | 12 | = | 24 | 8 | × | 12 | = | 96 |
| 3 | × | 12 | = | 36 | 9 | × | 12 | = | 108 |
| 4 | × | 12 | = | 48 | 10 | × | 12 | = | 120 |
| 5 | × | 12 | = | 60 | 11 | × | 12 | = | 132 |
| 6 | × | 12 | = | 72 | 12 | × | 12 | = | 144 |

Hint: A number times 12 is the same as multiplying the number by 10 and 2 and adding both answers.

3 × 12 = 36
(3 × 10 = 30 and 3 × 2 = 6), 30+6=36

5 × 12 = 60
(5 × 10 = 50 and 5 × 2 = 10), 50+10=60

7 × 12 = 84
(7 × 10 = 70 and 7 × 2 = 14), 70 + 14 = 84

- Look at the 12 times table above
- Say it out slowly and loud
- Cover it with your hand or a piece of paper
- Write the answers from memory below
- Check your answers
- Repeat second column

column 1

| | | | | | |
|---|---|---|---|---|---|
| 1. | 1 | × | 12 | = | 12 |
| 2. | 2 | × | 12 | = | 24 |
| 3. | 3 | × | 12 | = | 36 |
| 4. | 4 | × | 12 | = | 48 |
| 5. | 5 | × | 12 | = | 69 |
| 6. | 6 | × | 12 | = | 72 |
| 7. | 7 | × | 12 | = | |
| 8. | 8 | × | 12 | = | 84 |
| 9. | 9 | × | 12 | = | 108 |
| 10. | 10 | × | 12 | = | 129 |
| 11. | 11 | × | 12 | = | 132 |
| 12. | 12 | × | 12 | = | 144 |

column 2

| | | | | | |
|---|---|---|---|---|---|
| 1. | 1 | × | 12 | = | 12 |
| 2. | 2 | × | 12 | = | 24 |
| 3. | 3 | × | 12 | = | 36 |
| 4. | 4 | × | 12 | = | |
| 5. | 5 | × | 12 | = | 48 |
| 6. | 6 | × | 12 | = | |
| 7. | 7 | × | 12 | = | 60 |
| 8. | 8 | × | 12 | = | 72 |
| 9. | 9 | × | 12 | = | 84 |
| 10. | 10 | × | 12 | = | 96 |
| 11. | 11 | × | 12 | = | 120 |
| 12. | 12 | × | 12 | = | 132 |

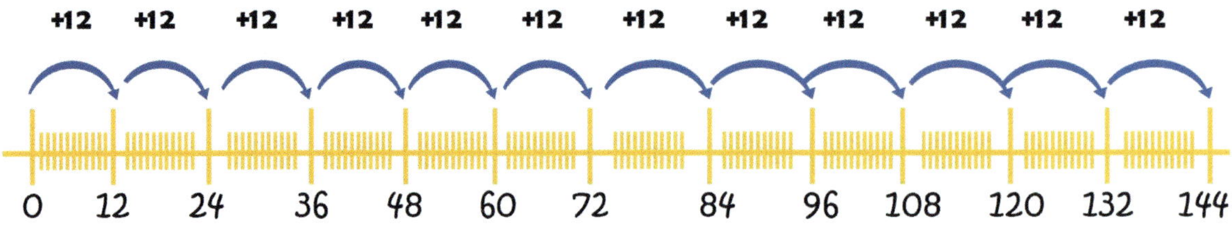


**Lets count in 12s. On the number line jump over 12 numbers at a time.**
**Fill in the gaps below using the number line above.**

| | | | | | |
|---|---|---|---|---|---|
| 1. | 12 | 24 | 36 | | |
| 2. | 24 | 36 | 48 | | |
| 3. | 36 | 48 | 60 | | |
| 4. | 48 | 60 | 72 | | |
| 5. | 60 | 72 | 84 | | |
| 6. | 72 | 84 | 96 | | |
| 7. | 84 | 96 | 108 | | |
| 8. | 96 | 108 | 120 | | |

**Cover the number line above and try this multiplication table.**

9. 1 × 12 = ☐
10. 2 × 12 = ☐
11. 3 × 12 = ☐
12. 4 × 12 = ☐
13. 5 × 12 = ☐
14. 6 × 12 = ☐
15. 7 × 12 = ☐
16. 8 × 12 = ☐
17. 9 × 12 = ☐
18. 10 × 12 = ☐
19. 11 × 12 = ☐
20. 12 × 12 = ☐

**Fill in the gaps below using the 12 times table.**

| | | | | | |
|---|---|---|---|---|---|
| 1. | 12 | 24 | | 48 | |
| 2. | | 36 | | 60 | 72 |
| 3. | 36 | | 60 | | 84 |
| 4. | | 60 | | 84 | 96 |
| 5. | 60 | | 84 | 96 | |
| 6. | | 84 | | 108 | 120 |
| 7. | 84 | | 108 | | 132 |

**Fill in the missing numbers below using the 12 times table.**

| | | | | | |
|---|---|---|---|---|---|
| 8. | | × | 12 | = | 60 |
| 9. | 6 | × | | = | 72 |
| 10. | | × | 12 | = | 36 |
| 11. | 7 | × | 12 | = | |
| 12. | | × | 12 | = | 48 |
| 13. | 9 | × | | = | 108 |
| 14. | 8 | × | 12 | = | |
| 15. | | × | 12 | = | 144 |
| 16. | 10 | × | | = | 120 |
| 17. | 2 | × | 12 | = | |
| 18. | 11 | × | | = | 132 |
| 19. | | × | 12 | = | 12 |

**We can also think about the times tables as adding the number again and again. Adding the number eleven times is the same as multiplying the number by 12. Add the numbers below!**

1. 8 + 8 + 8 + 8 + 8 + 8 + 8 + 8 + 8 + 8 + 8 + 8 =
2. 6 + 6 + 6 + 6 + 6 + 6 + 6 + 6 + 6 + 6 + 6 + 6 =
3. 3 + 3 + 3 + 3 + 3 + 3 + 3 + 3 + 3 + 3 + 3 + 3 =
4. 1 + 1 + 1 + 1 + 1 + 1 + 1 + 1 + 1 + 1 + 1 + 1 =
5. 10 + 10 + 10 + 10 + 10 + 10 + 10 + 10 + 10 + 10 + 10 + 10 =
6. 4 + 4 + 4 + 4 + 4 + 4 + 4 + 4 + 4 + 4 + 4 + 4 =
7. 2 + 2 + 2 + 2 + 2 + 2 + 2 + 2 + 2 + 2 + 2 + 2 =
8. 12 + 12 + 12 + 12 + 12 + 12 + 12 + 12 + 12 + 12 + 12 + 12 =
9. 5 + 5 + 5 + 5 + 5 + 5 + 5 + 5 + 5 + 5 + 5 + 5 =
10. 11 + 11 + 11 + 11 + 11 + 11 + 11 + 11 + 11 + 11 + 11 + 11 =
11. 9 + 9 + 9 + 9 + 9 + 9 + 9 + 9 + 9 + 9 + 9 + 9 =
12. 7 + 7 + 7 + 7 + 7 + 7 + 7 + 7 + 7 + 7 + 7 + 7 =

**More practice. Write the answers to the multiplication below.**

13. 7 x 12 =
14. 4 x 12 =
15. 1 x 12 =
16. 5 x 12 =
17. 6 x 12 =
18. 3 x 12 =
19. 8 x 12 =
20. 12 x 12 =
21. 10 x 12 =
22. 9 x 12 =
23. 8 x 12 =
24. 2 x 12 =
25. 4 x 12 =
26. 5 x 12 =
27. 11 x 12 =
28. 7 x 12 =

**Circle the numbers on the grid that are products of the 12 times table.**

| | | | | | | | | | |
|---|---|---|---|---|---|---|---|---|---|
| 1 | 2 | 3 | 4 | 5 | 6 | 7 | 8 | 9 | 10 |
| 11 | 12 | 13 | 14 | 15 | 16 | 17 | 18 | 19 | 20 |
| 21 | 22 | 23 | 24 | 25 | 26 | 27 | 28 | 29 | 30 |
| 31 | 32 | 33 | 34 | 35 | 36 | 37 | 38 | 39 | 40 |
| 41 | 42 | 43 | 44 | 45 | 46 | 47 | 48 | 49 | 50 |
| 51 | 52 | 53 | 54 | 55 | 56 | 57 | 58 | 59 | 60 |
| 61 | 62 | 63 | 64 | 65 | 66 | 67 | 68 | 69 | 70 |
| 71 | 72 | 73 | 74 | 75 | 76 | 77 | 78 | 79 | 80 |
| 81 | 82 | 83 | 84 | 85 | 86 | 87 | 88 | 89 | 90 |
| 91 | 92 | 93 | 94 | 95 | 96 | 97 | 98 | 99 | 100 |

**Try this one. Write the answers!**

1. 7 x 12 = ______
2. 8 x 12 = ______
3. 4 x 12 = ______
4. 10 x 12 = ______
5. 11 x 12 = ______
6. 1 x 12 = ______
7. 3 x 12 = ______
8. 9 x 12 = ______
9. 6 x 12 = ______
10. 7 x 12 = ______
11. 5 x 12 = ______
12. 12 x 12 = ______
13. 2 x 12 = ______
14. 10 x 12 = ______
15. 1 x 12 = ______
16. 9 x 12 = ______
17. 3 x 12 = ______
18. 12 x 12 = ______
19. 5 x 12 = ______
20. 11 x 12 = ______
21. 2 x 12 = ______
22. 4 x 12 = ______
23. 6 x 12 = ______
24. 8 x 12 = ______

**More to practice. Write the answers to the x12 table.**

## column 1

1. 9 x 12 = ______
2. 12 x 12 = ______
3. 5 x 12 = ______
4. 4 x 12 = ______
5. 8 x 12 = ______
6. 3 x 12 = ______
7. 4 x 12 = ______
8. 9 x 12 = ______
9. 11 x 12 = ______
10. 7 x 12 = ______
11. 2 x 12 = ______
12. 6 x 12 = ______
13. 11 x 12 = ______
14. 5 x 12 = ______
15. 1 x 12 = ______
16. 3 x 12 = ______
17. 10 x 12 = ______
18. 8 x 12 = ______
19. 9 x 12 = ______
20. 3 x 12 = ______

## column 2

1. 8 x 12 = ______
2. 3 x 12 = ______
3. 4 x 12 = ______
4. 12 x 12 = ______
5. 9 x 12 = ______
6. 8 x 12 = ______
7. 11 x 12 = ______
8. 4 x 12 = ______
9. 9 x 12 = ______
10. 3 x 12 = ______
11. 2 x 12 = ______
12. 9 x 12 = ______
13. 5 x 12 = ______
14. 10 x 12 = ______
15. 11 x 12 = ______
16. 1 x 12 = ______
17. 6 x 12 = ______
18. 3 x 12 = ______
19. 5 x 12 = ______
20. 7 x 12 = ______

**Write the answers to the multiplication below.**

**Column 1**

1. 3 × 12 = ______
2. 2 × 12 = ______
3. 5 × 11 = ______
4. 1 × 12 = ______
5. 3 × 11 = ______
6. 9 × 11 = ______
7. 6 × 12 = ______
8. 10 × 12 = ______
9. 11 × 11 = ______
10. 7 × 11 = ______
11. 6 × 11 = ______
12. 9 × 12 = ______
13. 11 × 12 = ______
14. 8 × 11 = ______
15. 12 × 12 = ______
16. 5 × 12 = ______
17. 1 × 12 = ______
18. 7 × 12 = ______
19. 4 × 11 = ______
20. 2 × 11 = ______
21. 12 × 11 = ______
22. 1 × 11 = ______
23. 2 × 11 = ______
24. 3 × 12 = ______
25. 4 × 11 = ______
26. 10 × 11 = ______
27. 6 × 11 = ______
28. 5 × 12 = ______
29. 4 × 12 = ______
30. 8 × 12 = ______

**Column 2**

1. 6 × 12 = ______
2. 1 × 11 = ______
3. 10 × 12 = ______
4. 11 × 12 = ______
5. 1 × 12 = ______
6. 10 × 11 = ______
7. 11 × 11 = ______
8. 8 × 11 = ______
9. 9 × 12 = ______
10. 5 × 12 = ______
11. 11 × 12 = ______
12. 3 × 11 = ______
13. 2 × 12 = ______
14. 10 × 11 = ______
15. 7 × 12 = ______
16. 4 × 12 = ______
17. 2 × 11 = ______
18. 8 × 11 = ______
19. 3 × 12 = ______
20. 12 × 12 = ______
21. 7 × 12 = ______
22. 9 × 11 = ______
23. 4 × 11 = ______
24. 6 × 11 = ______
25. 8 × 12 = ______
26. 9 × 12 = ______
27. 12 × 11 = ______
28. 7 × 11 = ______
29. 5 × 11 = ______
30. 12 × 11 = ______

**More Practice. Write answers to the multiplication below.**

**Column 1**

| | | | | | |
|---|---|---|---|---|---|
| 1. | 3 | × | 12 | = | 33 |
| 2. | 3 | × | 11 | = | 33 |
| 3. | 7 | × | 12 | = | 77 |
| 4. | 12 | × | 12 | = | 144 |
| 5. | 5 | × | 12 | = | |
| 6. | 4 | × | 12 | = | |
| 7. | 4 | × | 11 | = | 44 |
| 8. | 3 | × | 11 | = | |
| 9. | 2 | × | 12 | = | |
| 10. | 10 | × | 11 | = | 110 |
| 11. | 1 | × | 12 | = | 12 |
| 12. | 2 | × | 12 | = | 1 |
| 13. | 1 | × | 11 | = | 11 |
| 14. | 5 | × | 11 | = | 55 |
| 15. | 8 | × | 12 | = | |
| 16. | 2 | × | 11 | = | |
| 17. | 11 | × | 12 | = | |
| 18. | 9 | × | 11 | = | 99 |
| 19. | 11 | × | 11 | = | |
| 20. | 6 | × | 12 | = | |
| 21. | 8 | × | 11 | = | 88 |
| 22. | 4 | × | 12 | = | |
| 23. | 1 | × | 11 | = | 11 |
| 24. | 10 | × | 12 | = | |
| 25. | 7 | × | 11 | = | 77 |
| 26. | 6 | × | 12 | = | |
| 27. | 6 | × | 11 | = | 66 |
| 28. | 12 | × | 11 | = | 132 |
| 29. | 9 | × | 12 | = | |
| 30. | 5 | × | 11 | = | 55 |

**Column 2**

| | | | | | |
|---|---|---|---|---|---|
| 1. | 10 | × | 11 | = | 110 |
| 2. | 4 | × | 12 | = | |
| 3. | 11 | × | 11 | = | |
| 4. | 3 | × | 12 | = | |
| 5. | 7 | × | 12 | = | |
| 6. | 7 | × | 11 | = | 77 |
| 7. | 5 | × | 12 | = | |
| 8. | 3 | × | 11 | = | 33 |
| 9. | 1 | × | 12 | = | 12 |
| 10. | 7 | × | 11 | = | 77 |
| 11. | 8 | × | 11 | = | 88 |
| 12. | 10 | × | 12 | = | |
| 13. | 2 | × | 12 | = | |
| 14. | 12 | × | 12 | = | |
| 15. | 2 | × | 11 | = | |
| 16. | 1 | × | 11 | = | 11 |
| 17. | 11 | × | 11 | = | |
| 18. | 11 | × | 12 | = | |
| 19. | 12 | × | 12 | = | |
| 20. | 9 | × | 11 | = | 99 |
| 21. | 10 | × | 12 | = | |
| 22. | 8 | × | 12 | = | |
| 23. | 6 | × | 11 | = | 66 |
| 24. | 9 | × | 11 | = | 99 |
| 25. | 6 | × | 12 | = | |
| 26. | 12 | × | 11 | = | |
| 27. | 5 | × | 11 | = | 55 |
| 28. | 9 | × | 12 | = | |
| 29. | 4 | × | 11 | = | 44 |
| 30. | 8 | × | 12 | = | |

**Write answers to the multiplication below.**

**Column 1**

| | | | | | |
|---|---|---|---|---|---|
| 1. | 4 | × | 11 | = | |
| 2. | 12 | × | 6 | = | |
| 3. | 8 | × | 11 | = | |
| 4. | 6 | × | 12 | = | |
| 5. | 5 | × | 11 | = | |
| 6. | 8 | × | 7 | = | |
| 7. | 2 | × | 9 | = | |
| 8. | 7 | × | 11 | = | |
| 9. | 5 | × | 12 | = | |
| 10. | 5 | × | 7 | = | |
| 11. | 1 | × | 11 | = | |
| 12. | 7 | × | 9 | = | |
| 13. | 2 | × | 11 | = | |
| 14 | 10 | × | 11 | = | |
| 15. | 1 | × | 12 | = | |
| 16. | 8 | × | 8 | = | |
| 17. | 11 | × | 12 | = | |
| 18. | 5 | × | 8 | = | |
| 19. | 11 | × | 7 | = | |
| 20. | 9 | × | 7 | = | |
| 21. | 10 | × | 9 | = | |
| 22. | 8 | × | 12 | = | |
| 23. | 7 | × | 7 | = | |
| 24. | 1 | × | 8 | = | |
| 25. | 12 | × | 7 | = | |
| 26. | 9 | × | 12 | = | |
| 27. | 4 | × | 12 | = | |
| 28. | 6 | × | 8 | = | |
| 29. | 6 | × | 7 | = | |
| 30. | 9 | × | 6 | = | |

**Column 2**

| | | | | | |
|---|---|---|---|---|---|
| 1. | 3 | × | 6 | = | |
| 2. | 12 | × | 12 | = | |
| 3. | 11 | × | 6 | = | 66 |
| 4. | 10 | × | 7 | = | |
| 5. | 5 | × | 6 | = | |
| 6. | 10 | × | 8 | = | 80 |
| 7. | 1 | × | 9 | = | 9 |
| 8. | 1 | × | 6 | = | 6 |
| 9. | 4 | × | 9 | = | |
| 10. | 3 | × | 8 | = | |
| 11. | 9 | × | 8 | = | |
| 12. | 7 | × | 8 | = | |
| 13. | 2 | × | 6 | = | |
| 14 | 12 | × | 8 | = | |
| 15. | 4 | × | 7 | = | |
| 16. | 11 | × | 11 | = | |
| 17. | 7 | × | 6 | = | |
| 18. | 6 | × | 11 | = | |
| 19. | 3 | × | 12 | = | |
| 20. | 2 | × | 7 | = | |
| 21. | 7 | × | 12 | = | |
| 22. | 9 | × | 9 | = | |
| 23. | 4 | × | 6 | = | |
| 24. | 12 | × | 9 | = | |
| 25. | 5 | × | 9 | = | |
| 26. | 2 | × | 8 | = | |
| 27. | 3 | × | 7 | = | |
| 28. | 12 | × | 11 | = | |
| 29. | 11 | × | 8 | = | |
| 30. | 3 | × | 11 | = | 33 |

**Column 3**

| | | | | | |
|---|---|---|---|---|---|
| 1. | 10 | × | 6 | = | 60 |
| 2. | 8 | × | 6 | = | |
| 3. | 10 | × | 12 | = | 120 |
| 4. | 1 | × | 7 | = | |
| 5. | 11 | × | 9 | = | 99 |
| 6. | 6 | × | 6 | = | 36 |
| 7. | 8 | × | 9 | = | |
| 8. | 6 | × | 9 | = | |
| 9. | 4 | × | 8 | = | |
| 10. | 2 | × | 12 | = | |
| 11. | 3 | × | 9 | = | |
| 12. | 9 | × | 11 | = | 99 |
| 13. | 8 | × | 6 | = | |
| 14 | 12 | × | 7 | = | |
| 15. | 5 | × | 12 | = | |
| 16. | 9 | × | 7 | = | |
| 17. | 9 | × | 8 | = | |
| 18. | 7 | × | 8 | = | |
| 19. | 3 | × | 9 | = | |
| 20. | 8 | × | 8 | = | |
| 21. | 6 | × | 8 | = | |
| 22. | 12 | × | 12 | = | 144 |
| 23. | 6 | × | 9 | = | |
| 24. | 7 | × | 9 | = | |
| 25. | 12 | × | 6 | = | |
| 26. | 8 | × | 12 | = | |
| 27. | 7 | × | 11 | = | |
| 28. | 6 | × | 12 | = | |
| 29. | 7 | × | 12 | = | |
| 30. | 5 | × | 7 | = | |

**More Practice. Write answers to the multiplication below.**

**Column 1**

1. 4 × 12 = ______
2. 5 × 7 = ______
3. 1 × 6 = ______
4. 8 × 8 = ______
5. 2 × 7 = ______
6. 10 × 11 = ______
7. 9 × 12 = ______
8. 7 × 12 = ______
9. 12 × 6 = ______
10. 6 × 6 = ______
11. 8 × 11 = ______
12. 4 × 6 = ______
13. 7 × 6 = ______
14 4 × 8 = ______
15. 8 × 9 = ______
16. 9 × 9 = ______
17. 10 × 7 = ______
18. 9 × 11 = ______
19. 10 × 8 = ______
20. 8 × 7 = ______
21. 5 × 12 = ______
22. 2 × 11 = ______
23. 10 × 6 = ______
24. 5 × 11 = ______
25. 4 × 11 = ______
26. 3 × 7 = ______
27. 9 × 7 = ______
28. 4 × 9 = ______
29. 11 × 12 = ______
30. 7 × 11 = ______

**Column 2**

1. 6 × 11 = ______
2. 2 × 12 = ______
3. 2 × 8 = ______
4. 1 × 12 = ______
5. 2 × 6 = ______
6. 3 × 11 = ______
7. 11 × 8 = ______
8. 1 × 9 = ______
9. 7 × 7 = ______
10. 1 × 7 = ______
11. 12 × 7 = ______
12. 7 × 9 = ______
13. 3 × 6 = ______
14 11 × 11 = ______
15. 7 × 8 = ______
16. 3 × 12 = ______
17. 12 × 9 = ______
18. 6 × 7 = ______
19. 5 × 8 = ______
20. 6 × 12 = ______
21. 5 × 9 = ______
22. 9 × 6 = ______
23. 11 × 9 = ______
24. 1 × 8 = ______
25. 3 × 8 = ______
26. 4 × 7 = ______
27. 8 × 6 = ______
28. 12 × 12 = ______
29. 5 × 6 = ______
30. 11 × 7 = ______

**Column 3**

1. 2 × 9 = ______
2. 12 × 8 = ______
3. 8 × 12 = ______
4. 6 × 9 = ______
5. 10 × 9 = ______
6. 1 × 11 = ______
7. 10 × 12 = ______
8. 12 × 11 = ______
9. 3 × 9 = ______
10. 9 × 8 = ______
11. 11 × 6 = ______
12. 6 × 8 = ______
13. 6 × 7 = ______
14 3 × 7 = ______
15. 6 × 6 = ______
16. 3 × 11 = ______
17. 12 × 8 = ______
18. 5 × 6 = ______
19. 4 × 12 = ______
20. 4 × 9 = ______
21. 12 × 9 = ______
22. 5 × 8 = ______
23. 9 × 9 = ______
24. 5 × 9 = ______
25. 3 × 8 = ______
26. 7 × 6 = ______
27. 4 × 7 = ______
28. 4 × 6 = ______
29. 7 × 7 = ______
30. 3 × 6 = ______

# CHAPTER 11 - TIMED MIXED NUMBERS

**Each column should be completed in one minute.**
**Write the answers to the multiplication below.**

## Column 1

| | | | | | |
|---|---|---|---|---|---|
| 1. | 5 | × | 7 | = | ____ |
| 2. | 2 | × | 12 | = | ____ |
| 3. | 7 | × | 8 | = | ____ |
| 4. | 7 | × | 6 | = | ____ |
| 5. | 4 | × | 7 | = | ____ |
| 6. | 6 | × | 11 | = | ____ |
| 7. | 8 | × | 6 | = | ____ |
| 8. | 1 | × | 11 | = | ____ |
| 9. | 9 | × | 6 | = | ____ |
| 10. | 11 | × | 9 | = | ____ |
| 11. | 10 | × | 9 | = | ____ |
| 12. | 11 | × | 12 | = | ____ |
| 13. | 9 | × | 12 | = | ____ |
| 14 | 5 | × | 9 | = | ____ |
| 15. | 4 | × | 6 | = | ____ |
| 16. | 12 | × | 11 | = | ____ |
| 17. | 1 | × | 9 | = | ____ |
| 18. | 12 | × | 6 | = | ____ |
| 19. | 5 | × | 8 | = | ____ |
| 20. | 10 | × | 7 | = | ____ |
| 21. | 8 | × | 12 | = | ____ |
| 22. | 9 | × | 8 | = | ____ |
| 23. | 6 | × | 12 | = | ____ |
| 24. | 4 | × | 12 | = | ____ |
| 25. | 8 | × | 7 | = | ____ |
| 26. | 7 | × | 11 | = | ____ |
| 27. | 6 | × | 7 | = | ____ |
| 28. | 3 | × | 7 | = | ____ |
| 29. | 3 | × | 11 | = | ____ |
| 30. | 2 | × | 8 | = | ____ |
| 31. | 2 | × | 7 | = | ____ |
| 32. | 7 | × | 12 | = | ____ |
| 33. | 12 | × | 8 | = | ____ |
| 34. | 10 | × | 11 | = | ____ |
| 35. | 11 | × | 11 | = | ____ |
| 36. | 1 | × | 8 | = | ____ |
| 37. | 5 | × | 6 | = | ____ |
| 38. | 11 | × | 7 | = | ____ |
| 39. | 6 | × | 9 | = | ____ |
| 40. | 3 | × | 9 | = | ____ |

| Time | Score |
|---|---|
| | /40 |

## Column 2

| | | | | | |
|---|---|---|---|---|---|
| 1. | 4 | × | 11 | = | ____ |
| 2. | 11 | × | 6 | = | ____ |
| 3. | 8 | × | 9 | = | ____ |
| 4. | 9 | × | 7 | = | ____ |
| 5. | 8 | × | 8 | = | ____ |
| 6. | 12 | × | 9 | = | ____ |
| 7. | 7 | × | 9 | = | ____ |
| 8. | 2 | × | 6 | = | ____ |
| 9. | 3 | × | 12 | = | ____ |
| 10. | 3 | × | 8 | = | ____ |
| 11. | 7 | × | 7 | = | ____ |
| 12. | 11 | × | 8 | = | ____ |
| 13. | 2 | × | 11 | = | ____ |
| 14 | 4 | × | 8 | = | ____ |
| 15. | 6 | × | 8 | = | ____ |
| 16. | 4 | × | 9 | = | ____ |
| 17. | 3 | × | 6 | = | ____ |
| 18. | 1 | × | 7 | = | ____ |
| 19. | 9 | × | 9 | = | ____ |
| 20. | 6 | × | 6 | = | ____ |
| 21. | 5 | × | 11 | = | ____ |
| 22. | 10 | × | 6 | = | ____ |
| 23. | 10 | × | 8 | = | ____ |
| 24. | 10 | × | 12 | = | ____ |
| 25. | 12 | × | 7 | = | ____ |
| 26. | 9 | × | 11 | = | ____ |
| 27. | 8 | × | 11 | = | ____ |
| 28. | 2 | × | 9 | = | ____ |
| 29. | 1 | × | 6 | = | ____ |
| 30. | 12 | × | 12 | = | ____ |
| 31. | 1 | × | 12 | = | ____ |
| 32. | 5 | × | 12 | = | ____ |
| 33. | 1 | × | 8 | = | ____ |
| 34. | 4 | × | 9 | = | ____ |
| 35. | 1 | × | 11 | = | ____ |
| 36. | 5 | × | 11 | = | ____ |
| 37. | 4 | × | 8 | = | ____ |
| 38. | 9 | × | 6 | = | ____ |
| 39. | 8 | × | 7 | = | ____ |
| 40. | 12 | × | 11 | = | ____ |

| Time | Score |
|---|---|
| | /40 |

## Column 3

| | | | | | |
|---|---|---|---|---|---|
| 1. | 8 | × | 6 | = | ____ |
| 2. | 3 | × | 6 | = | ____ |
| 3. | 7 | × | 11 | = | ____ |
| 4. | 4 | × | 11 | = | ____ |
| 5. | 8 | × | 7 | = | ____ |
| 6. | 2 | × | 11 | = | ____ |
| 7. | 4 | × | 9 | = | ____ |
| 8. | 8 | × | 9 | = | ____ |
| 9. | 7 | × | 12 | = | ____ |
| 10. | 2 | × | 12 | = | ____ |
| 11. | 10 | × | 8 | = | ____ |
| 12. | 9 | × | 9 | = | ____ |
| 13. | 10 | × | 11 | = | ____ |
| 14 | 3 | × | 9 | = | ____ |
| 15. | 9 | × | 6 | = | ____ |
| 16. | 5 | × | 8 | = | ____ |
| 17. | 1 | × | 11 | = | ____ |
| 18. | 11 | × | 9 | = | ____ |
| 19. | 8 | × | 8 | = | ____ |
| 20. | 11 | × | 7 | = | ____ |
| 21. | 7 | × | 7 | = | ____ |
| 22. | 8 | × | 12 | = | ____ |
| 23. | 1 | × | 7 | = | ____ |
| 24. | 9 | × | 8 | = | ____ |
| 25. | 5 | × | 11 | = | ____ |
| 26. | 9 | × | 12 | = | ____ |
| 27. | 10 | × | 6 | = | ____ |
| 28. | 3 | × | 12 | = | ____ |
| 29. | 6 | × | 7 | = | ____ |
| 30. | 12 | × | 11 | = | ____ |
| 31. | 1 | × | 8 | = | ____ |
| 32. | 4 | × | 8 | = | ____ |
| 33. | 2 | × | 6 | = | ____ |
| 34. | 7 | × | 9 | = | ____ |
| 35. | 9 | × | 7 | = | ____ |
| 36. | 8 | × | 11 | = | ____ |
| 37. | 12 | × | 7 | = | ____ |
| 38. | 3 | × | 11 | = | ____ |
| 39. | 6 | × | 6 | = | ____ |
| 40. | 9 | × | 11 | = | ____ |

| Time | Score |
|---|---|
| | /40 |

# CHAPTER 11 - TIMED MIXED NUMBERS

**Each column should be completed in one minute. Write the answers to the multiplication below.**

### Column 1

| | | | | | |
|---|---|---|---|---|---|
| 1. | 12 | × | 7 | = | |
| 2. | 8 | × | 9 | = | |
| 3. | 5 | × | 7 | = | |
| 4. | 9 | × | 9 | = | |
| 5. | 11 | × | 12 | = | |
| 6. | 6 | × | 7 | = | |
| 7. | 9 | × | 7 | = | |
| 8. | 12 | × | 12 | = | |
| 9. | 8 | × | 6 | = | |
| 10. | 12 | × | 9 | = | |
| 11. | 3 | × | 7 | = | |
| 12. | 3 | × | 9 | = | |
| 13. | 1 | × | 8 | = | |
| 14 | 9 | × | 12 | = | |
| 15. | 3 | × | 12 | = | |
| 16. | 12 | × | 6 | = | |
| 17. | 2 | × | 7 | = | |
| 18. | 6 | × | 11 | = | |
| 19. | 10 | × | 12 | = | |
| 20. | 9 | × | 8 | = | |
| 21. | 4 | × | 12 | = | |
| 22. | 3 | × | 8 | = | |
| 23. | 2 | × | 6 | = | |
| 24. | 5 | × | 6 | = | |
| 25. | 5 | × | 11 | = | |
| 26. | 3 | × | 6 | = | |
| 27. | 1 | × | 9 | = | |
| 28. | 8 | × | 11 | = | |
| 29. | 7 | × | 6 | = | |
| 30. | 5 | × | 12 | = | |
| 31. | 11 | × | 8 | = | |
| 32. | 12 | × | 11 | = | |
| 33. | 7 | × | 7 | = | |
| 34. | 7 | × | 9 | = | |
| 35. | 10 | × | 6 | = | |
| 36. | 5 | × | 8 | = | |
| 37. | 9 | × | 11 | = | |
| 38. | 4 | × | 11 | = | |
| 39. | 10 | × | 11 | = | |
| 40. | 6 | × | 8 | = | |

| Time | Score |
|---|---|
| | /40 |

### Column 2

| | | | | | |
|---|---|---|---|---|---|
| 1. | 2 | × | 11 | = | |
| 2. | 6 | × | 6 | = | |
| 3. | 10 | × | 8 | = | |
| 4. | 8 | × | 7 | = | |
| 5. | 6 | × | 9 | = | |
| 6. | 11 | × | 7 | = | |
| 7. | 6 | × | 12 | = | |
| 8. | 4 | × | 6 | = | |
| 9. | 3 | × | 11 | = | |
| 10. | 1 | × | 12 | = | |
| 11. | 4 | × | 8 | = | |
| 12. | 8 | × | 12 | = | |
| 13. | 10 | × | 7 | = | |
| 14 | 1 | × | 7 | = | |
| 15. | 5 | × | 9 | = | |
| 16. | 9 | × | 6 | = | |
| 17. | 4 | × | 9 | = | |
| 18. | 10 | × | 9 | = | |
| 19. | 4 | × | 7 | = | |
| 20. | 2 | × | 12 | = | |
| 21. | 2 | × | 8 | = | |
| 22. | 7 | × | 8 | = | |
| 23. | 2 | × | 9 | = | |
| 24. | 1 | × | 11 | = | |
| 25. | 11 | × | 11 | = | |
| 26. | 12 | × | 8 | = | |
| 27. | 7 | × | 12 | = | |
| 28. | 11 | × | 9 | = | |
| 29. | 7 | × | 11 | = | |
| 30. | 1 | × | 6 | = | |
| 31. | 8 | × | 8 | = | |
| 32. | 11 | × | 6 | = | |
| 33. | 7 | × | 7 | = | |
| 34. | 8 | × | 12 | = | |
| 35. | 10 | × | 11 | = | |
| 36. | 8 | × | 9 | = | |
| 37. | 3 | × | 6 | = | |
| 38. | 7 | × | 11 | = | |
| 39. | 12 | × | 7 | = | |
| 40. | 3 | × | 11 | = | |

| Time | Score |
|---|---|
| | /40 |

### Column 3

| | | | | | |
|---|---|---|---|---|---|
| 1. | 4 | × | 6 | = | |
| 2. | 2 | × | 8 | = | |
| 3. | 12 | × | 9 | = | |
| 4. | 12 | × | 6 | = | |
| 5. | 4 | × | 12 | = | |
| 6. | 10 | × | 9 | = | |
| 7. | 12 | × | 12 | = | |
| 8. | 11 | × | 11 | = | |
| 9. | 5 | × | 6 | = | |
| 10. | 11 | × | 8 | = | |
| 11. | 1 | × | 6 | = | |
| 12. | 6 | × | 11 | = | |
| 13. | 11 | × | 12 | = | |
| 14 | 11 | × | 6 | = | |
| 15. | 6 | × | 7 | = | |
| 16. | 10 | × | 12 | = | |
| 17. | 1 | × | 12 | = | |
| 18. | 3 | × | 7 | = | |
| 19. | 6 | × | 12 | = | |
| 20. | 5 | × | 7 | = | |
| 21. | 6 | × | 9 | = | |
| 22. | 10 | × | 7 | = | |
| 23. | 3 | × | 8 | = | |
| 24. | 12 | × | 8 | = | |
| 25. | 2 | × | 9 | = | |
| 26. | 5 | × | 12 | = | |
| 27. | 1 | × | 9 | = | |
| 28. | 5 | × | 9 | = | |
| 29. | 7 | × | 8 | = | |
| 30. | 4 | × | 7 | = | |
| 31. | 2 | × | 7 | = | |
| 32. | 7 | × | 6 | = | |
| 33. | 6 | × | 8 | = | |
| 34. | 10 | × | 8 | = | |
| 35. | 1 | × | 7 | = | |
| 36. | 8 | × | 6 | = | |
| 37. | 8 | × | 11 | = | |
| 38. | 3 | × | 12 | = | |
| 39. | 2 | × | 6 | = | |
| 40. | 9 | × | 12 | = | |

| Time | Score |
|---|---|
| | /40 |

# ANSWERS

# ANSWERS

## CHAPTER 1

### Page 1

**Column 1**
1. 6
2. 12
3. 18
4. 24
5. 30
6. 36
7. 42
8. 48
9. 54
10. 60
11. 66
12. 72

**Column 2**
1. 6
2. 12
3. 18
4. 24
5. 30
6. 36
7. 42
8. 48
9. 54
10. 60
11. 66
12. 72

### Page 2

1. 24, 30
2. 30, 36
3. 36, 42
4. 42, 48
5. 48, 54
6. 54, 60
7. 60, 66
8. 66, 72
9. 6
10. 12
11. 18
12. 24
13. 30
14. 36
15. 42
16. 48
17. 54
18. 60
19. 66
20. 72

### Page 3

1. 12, 24
2. 24, 36
3. 18, 30
4. 24, 42
5. 36, 54
6. 36, 48
7. 48, 60
8. 11
9. 6
10. 10
11. 24
12. 9
13. 6
14. 42
15. 1
16. 6
17. 12
18. 6
19. 6

### Page 4

1. 48
2. 24
3. 54
4. 60
5. 72
6. 36
7. 42
8. 12
9. 66
10. 18
11. 30
12. 6
13. 24
14. 18
15. 36
16. 12
17. 60
18. 42
19. 72
20. 54
21. 6
22. 30
23. 66
24. 48
25. 24
26. 42
27. 48
28. 30

### Page 5

| | | | | | | | | | |
|---|---|---|---|---|---|---|---|---|---|
| 1 | 2 | 3 | 4 | 5 | **6** | 7 | 8 | 9 | 10 |
| 11 | **12** | 13 | 14 | 15 | 16 | 17 | **18** | 19 | 20 |
| 21 | 22 | 23 | **24** | 25 | 26 | 27 | 28 | 29 | **30** |
| 31 | 32 | 33 | 34 | 35 | **36** | 37 | 38 | 39 | 40 |
| 41 | **42** | 43 | 44 | 45 | 46 | 47 | **48** | 49 | 50 |
| 51 | 52 | 53 | **54** | 55 | 56 | 57 | 58 | 59 | **60** |
| 61 | 62 | 63 | 64 | 65 | **66** | 67 | 68 | 69 | 70 |

1. 12
2. 30
3. 36
4. 12
5. 48
6. 6
7. 42
8. 60
9. 36
10. 72
11. 48
12. 24
13. 66
14. 54
15. 72
16. 6
17. 42
18. 60
19. 24
20. 18
21. 30
22. 66
23. 54
24. 18

### Page 6

**Column 1**
1. 66
2. 6
3. 18
4. 48
5. 12
6. 6
7. 60
8. 72
9. 42
10. 12
11. 36
12. 54
13. 60
14. 42
15. 54
16. 42
17. 24
18. 66
19. 18
20. 54

**Column 2**
1. 24
2. 18
3. 60
4. 48
5. 30
6. 48
7. 6
8. 72
9. 36
10. 30
11. 66
12. 24
13. 30
14. 72
15. 36
16. 12
17. 42
18. 48
19. 54
20. 36

## CHAPTER 2

### Page 7

**Column 1**
1. 7
2. 14
3. 21
4. 28
5. 35
6. 42
7. 49
8. 56
9. 63
10. 70
11. 77
12. 84

**Column 2**
1. 7
2. 14
3. 21
4. 28
5. 35
6. 42
7. 49
8. 56
9. 63
10. 70
11. 77
12. 84

### Page 8

1. 28, 35
2. 35, 42
3. 42, 49
4. 49, 56
5. 56, 63
6. 63, 70
7. 70, 77
8. 77, 84
9. 7
10. 14
11. 21
12. 28
13. 35
14. 42
15. 49
16. 56
17. 63
18. 70
19. 77
20. 84

## CHAPTER 2

### Page 9

1. 21, 35
2. 14, 28
3. 28, 42
4. 28, 49
5. 42, 63
6. 42, 56
7. 63, 77
8. 6
9. 7
10. 8
11. 84
12. 11
13. 7
14 28
15. 1
16. 7
17. 63
18. 7
19. 5

### Page 10

1. 7
2. 49
3. 42
4. 56
5. 28
6. 21
7. 63
8. 84
9. 35
10. 14
11. 70
12. 77
13. 84
14 42
15. 70
16. 49
17. 35
18. 7
19. 28
20. 56
21. 21
22. 56
23. 35
24. 28
25. 49
26. 63
27. 77
28. 14

### Page 11

| | | | | | | | | | |
|---|---|---|---|---|---|---|---|---|---|
| 1 | 2 | 3 | 4 | 5 | 6 | **7** | 8 | 9 | 10 |
| 11 | 12 | 13 | **14** | 15 | 16 | 17 | 18 | 19 | 20 |
| **21** | 22 | 23 | 24 | 25 | 26 | 27 | **28** | 29 | 30 |
| 31 | 32 | 33 | 34 | **35** | 36 | 37 | 38 | 39 | 40 |
| 41 | **42** | 43 | 44 | 45 | 46 | 47 | 48 | **49** | 50 |
| 51 | 52 | 53 | 54 | 55 | **56** | 57 | 58 | 59 | 60 |
| 61 | 62 | **63** | 64 | 65 | 66 | 67 | 68 | 69 | **70** |
| 71 | 72 | 73 | 74 | 75 | 76 | **77** | 78 | 79 | 80 |

1. 21
2. 42
3. 63
4. 56
5. 84
6. 49
7. 21
8. 42
9. 35
10. 77
11. 70
12. 49
13. 7
14 14
15. 35
16. 7
17. 70
18. 84
19. 14
20. 56
21. 28
22. 63
23. 28
24. 77

### Page 12

**Column 1**

1. 21
2. 84
3. 77
4. 7
5. 14
6. 63
7. 56
8. 21
9. 63
10. 35
11. 77
12. 42
13. 70
14 63
15. 28
16. 56
17. 21
18. 35
19. 28
20. 49

**Column 2**

1. 14
2. 84
3. 7
4. 42
5. 49
6. 56
7. 77
8. 7
9. 84
10. 28
11. 70
12. 49
13. 63
14 35
15. 14
16. 70
17. 21
18. 42
19. 63
20. 35

## CHAPTER 3

### Page 13

**Column 1**

1. 84
2. 6
3. 70
4. 18
5. 12
6. 42
7. 56
8. 35
9. 14
10. 24
11. 72
12. 30
13. 63
14 77
15. 48
16. 21
17. 42
18. 36
19. 49
20. 7
21. 66
22. 54
23. 28
24. 60
25. 12
26. 7
27. 24
28. 21
29. 36
30. 35

**Column 2**

1. 7
2. 77
3. 42
4. 28
5. 84
6. 48
7. 36
8. 66
9. 35
10. 63
11. 18
12. 24
13. 72
14 42
15. 49
16. 60
17. 12
18. 21
19. 14
20. 56
21. 30
22. 6
23. 70
24. 54
25. 48
26. 49
27. 60
28. 63
29. 72
30. 77

### Page 14

**Column 1**

1. 30
2. 7
3. 14
4. 24
5. 35
6. 60
7. 48
8. 77
9. 84
10. 54
11. 28
12. 42
13. 72
14 49
15. 18
16. 63
17. 12
18. 21
19. 36
20. 66
21. 56
22. 6
23. 42
24. 70
25. 6
26. 14
27. 18
28. 28
29. 30
30. 42

**Column 2**

1. 6
2. 14
3. 42
4. 56
5. 42
6. 54
7. 21
8. 77
9. 12
10. 49
11. 18
12. 24
13. 60
14 70
15. 84
16. 30
17. 36
18. 7
19. 66
20. 72
21. 35
22. 28
23. 63
24. 48
25. 42
26. 56
27. 54
28. 70
29. 66
30. 84

# CHAPTER 4

## Page 15

### Column 1

1. 8
2. 16
3. 24
4. 32
5. 40
6. 48
7. 56
8. 64
9. 72
10. 80
11. 88
12. 96

### Column 2

1. 8
2. 16
3. 24
4. 32
5. 40
6. 48
7. 56
8. 64
9. 72
10. 80
11. 88
12. 96

## Page 16

1. 32, 40
2. 40, 48
3. 48, 56
4. 56, 64
5. 64, 72
6. 72, 80
7. 80, 88
8. 88, 96
9. 8
10. 16
11. 24
12. 32
13. 40
14 48
15. 56
16. 64
17. 72
18. 80
19. 88
20. 96

## Page 17

1. 16, 32
2. 16, 40
3. 32, 56
4. 32, 48
5. 48, 72
6. 48, 64
7. 64, 88
8. 7
9. 8
10. 10
11. 24
12. 1
13. 8
14 16
15. 4
16. 8
17. 72
18. 8
19. 8

## Page 18

1. 40
2. 56
3. 8
4. 48
5. 88
6. 24
7. 72
8. 32
9. 80
10. 96
11. 16
12. 64
13. 24
14 64
15. 8
16. 96
17. 72
18. 32
19. 40
20. 64
21. 40
22. 32
23. 16
24. 56
25. 80
26. 56
27. 88
28. 48

## Page 19

| | | | | | | | | | |
|---|---|---|---|---|---|---|---|---|---|
| 1 | 2 | 3 | 4 | 5 | 6 | 7 | **8** | 9 | 10 |
| 11 | 12 | 13 | 14 | 15 | **16** | 17 | 18 | 19 | 20 |
| 21 | 22 | 23 | **24** | 25 | 26 | 27 | 28 | 29 | 30 |
| 31 | **32** | 33 | 34 | 35 | 36 | 37 | 38 | 39 | **40** |
| 41 | 42 | 43 | 44 | 45 | 46 | 47 | **48** | 49 | 50 |
| 51 | 52 | 53 | 54 | 55 | **56** | 57 | 58 | 59 | 60 |
| 61 | 62 | 63 | **64** | 65 | 66 | 67 | 68 | 69 | 70 |
| 71 | **72** | 73 | 74 | 75 | 76 | 77 | 78 | 79 | **80** |

1. 16
2. 80
3. 24
4. 80
5. 88
6. 56
7. 32
8. 8
9. 24
10. 64
11. 56
12. 40
13. 32
14 72
15. 16
16. 40
17. 64
18. 48
19. 96
20. 8
21. 48
22. 96
23. 72
24. 88

## Page 20

### Column 1

1. 40
2. 72
3. 24
4. 96
5. 88
6. 48
7. 80
8. 32
9. 64
10. 56
11. 72
12. 24
13. 8
14 16
15. 88
16. 24
17. 72
18. 40
19. 64
20. 32

### Column 2

1. 8
2. 56
3. 40
4. 96
5. 8
6. 56
7. 96
8. 80
9. 88
10. 24
11. 16
12. 72
13. 48
14 24
15. 32
16. 16
17. 72
18. 40
19. 80
20. 64

# CHAPTER 5

## Page 21

### Column 1

1. 9
2. 18
3. 27
4. 36
5. 45
6. 54
7. 63
8. 72
9. 81
10. 90
11. 99
12. 108

### Column 2

1. 9
2. 18
3. 27
4. 36
5. 45
6. 54
7. 63
8. 72
9. 81
10. 90
11. 99
12. 108

## Page 22

1. 36, 45
2. 45, 54
3. 54, 63
4. 63, 72
5. 72, 81
6. 81, 90
7. 90, 99
8. 99, 108
9. 9
10. 18
11. 27
12. 36
13. 45
14 54
15. 63
16. 72
17. 81
18. 90
19. 99
20. 108

## CHAPTER 5

### Page 23

1. 18, 36
2. 18, 45
3. 36, 63
4. 36, 54
5. 54, 81
6. 63, 81
7. 63, 99
8. 6
9. 9
10. 4
11. 90
12. 1
13. 9
14. 108
15. 3
16. 9
17. 81
18. 9
19. 7

### Page 24

1. 27
2. 72
3. 63
4. 45
5. 108
6. 99
7. 81
8. 9
9. 36
10. 18
11. 54
12. 90
13. 45
14. 36
15. 72
16. 63
17. 27
18. 9
19. 18
20. 45
21. 54
22. 72
23. 63
24. 36
25. 90
26. 81
27. 99
28. 108

### Page 25

| | | | | | | | | | |
|---|---|---|---|---|---|---|---|---|---|
| 1 | 2 | 3 | 4 | 5 | 6 | 7 | 8 | **9** | 10 |
| 11 | 12 | 13 | 14 | 15 | 16 | 17 | **18** | 19 | 20 |
| 21 | 22 | 23 | 24 | 25 | 26 | **27** | 28 | 29 | 30 |
| 31 | 32 | 33 | 34 | 35 | **36** | 37 | 38 | 39 | 40 |
| 41 | 42 | 43 | 44 | **45** | 46 | 47 | 48 | 49 | 50 |
| 51 | 52 | 53 | **54** | 55 | 56 | 57 | 58 | 59 | 60 |
| 61 | 62 | **63** | 64 | 65 | 66 | 67 | 68 | 69 | 70 |
| 71 | **72** | 73 | 74 | 75 | 76 | 77 | 78 | 79 | 80 |
| **81** | 82 | 83 | 84 | 85 | 86 | 87 | 88 | 89 | **90** |

1. 27
2. 90
3. 63
4. 36
5. 9
6. 81
7. 9
8. 54
9. 63
10. 36
11. 18
12. 90
13. 18
14 54
15. 99
16. 108
17. 72
18. 81
19. 27
20. 72
21. 99
22. 45
23. 108
24. 45

### Page 26

**Column 1**

1. 27
2. 81
3. 90
4. 99
5. 72
6. 27
7. 45
8. 36
9. 63
10. 45
11. 81
12. 27
13. 99
14 54
15. 9
16. 81
17. 108
18. 36
19. 72
20. 18

**Column 2**

1. 99
2. 36
3. 90
4. 81
5. 108
6. 72
7. 99
8. 18
9. 27
10. 45
11. 27
12. 63
13. 72
14 45
15. 27
16. 9
17. 108
18. 54
19. 81
20. 36

## CHAPTER 6

### Page 27

**Column 1**

1. 48
2. 32
3. 72
4. 90
5. 88
6. 27
7. 72
8. 24
9. 48
10. 18
11. 8
12. 9
13. 40
14 32
15. 45
16. 16
17. 99
18. 63
19. 80
20. 108
21. 81
22. 64
23. 54
24. 36
25. 27
26. 96
27. 9
28. 45
29. 16
30. 56

**Column 2**

1. 96
2. 99
3. 81
4. 8
5. 40
6. 32
7. 56
8. 99
9. 72
10. 81
11. 90
12. 48
13. 18
14 36
15. 54
16. 88
17. 9
18. 108
19. 96
20. 16
21. 27
22. 63
23. 24
24. 45
25. 63
26. 80
27. 72
28. 64
29. 80
30. 64

### Page 28

**Column 1**

1. 108
2. 9
3. 96
4. 88
5. 48
6. 80
7. 36
8. 16
9. 40
10. 64
11. 63
12. 8
13. 40
14 8
15. 54
16. 24
17. 36
18. 18
19. 56
20. 24
21. 81
22. 72
23. 99
24. 18
25. 45
26. 54
27. 90
28. 32
29. 72
30. 27

**Column 2**

1. 48
2. 90
3. 9
4. 72
5. 56
6. 108
7. 63
8. 72
9. 32
10. 81
11. 16
12. 56
13. 54
14 90
15. 18
16. 64
17. 72
18. 80
19. 88
20. 72
21. 99
22. 40
23. 72
24. 45
25. 27
26. 108
27. 36
28. 24
29. 8
30. 96

# CHAPTER 7

## Page 29

**Column 1**

1. 11
2. 22
3. 33
4. 44
5. 55
6. 66
7. 77
8. 88
9. 99
10. 110
11. 121
12. 132

**Column 2**

1. 11
2. 22
3. 33
4. 44
5. 55
6. 66
7. 77
8. 88
9. 99
10. 110
11. 121
12. 132

## Page 30

1. 44, 55
2. 55, 66
3. 66, 77
4. 77, 88
5. 88, 99
6. 99, 110
7. 110, 121
8. 121, 132
9. 11
10. 22
11. 33
12. 44
13. 55
14. 66
15. 77
16. 88
17. 99
18. 110
19. 121
20. 132

## Page 31

1. 22, 44
2. 44, 66
3. 33, 55
4. 55, 77
5. 77, 99
6. 66, 88
7. 99, 121
8. 3
9. 11
10. 8
11. 99
12. 1
13. 11
14. 110
15. 4
16. 11
17. 22
18. 11
19. 6

## Page 32

1. 99
2. 66
3. 55
4. 110
5. 121
6. 22
7. 33
8. 11
9. 88
10. 77
11. 132
12. 44
13. 77
14. 99
15. 11
16. 110
17. 77
18. 55
19. 88
20. 121
21. 44
22. 88
23. 22
24. 33
25. 55
26. 44
27. 132
28. 66

## Page 33

| | | | | | | | | | |
|---|---|---|---|---|---|---|---|---|---|
| 1 | 2 | 3 | 4 | 5 | 6 | 7 | 8 | 9 | 10 |
| **11** | 12 | 13 | 14 | 15 | 16 | 17 | 18 | 19 | 20 |
| 21 | **22** | 23 | 24 | 25 | 26 | 27 | 28 | 29 | 30 |
| 31 | 32 | **33** | 34 | 35 | 36 | 37 | 38 | 39 | 40 |
| 41 | 42 | 43 | **44** | 45 | 46 | 47 | 48 | 49 | 50 |
| 51 | 52 | 53 | 54 | **55** | 56 | 57 | 58 | 59 | 60 |
| 61 | 62 | 63 | 64 | 65 | **66** | 67 | 68 | 69 | 70 |
| 71 | 72 | 73 | 74 | 75 | 76 | **77** | 78 | 79 | 80 |
| 81 | 82 | 83 | 84 | 85 | 86 | 87 | **88** | 89 | 90 |
| 91 | 92 | 93 | 94 | 95 | 96 | 97 | 98 | **99** | 100 |

1. 55
2. 77
3. 44
4. 22
5. 11
6. 110
7. 22
8. 11
9. 132
10. 44
11. 99
12. 110
13. 88
14. 99
15. 33
16. 132
17. 121
18. 77
19. 66
20. 33
21. 88
22. 121
23. 55
24. 66

## Page 34

**Column 1**

1. 121
2. 55
3. 22
4. 88
5. 99
6. 132
7. 99
8. 66
9. 44
10. 88
11. 110
12. 11
13. 55
14. 121
15. 44
16. 77
17. 33
18. 132
19. 66
20. 33

**Column 2**

1. 88
2. 55
3. 77
4. 99
5. 55
6. 22
7. 66
8. 11
9. 121
10. 33
11. 99
12. 33
13. 110
14. 77
15. 44
16. 99
17. 33
18. 132
19. 44
20. 121

# CHAPTER 8

## Page 35

**Column 1**

1. 12
2. 24
3. 36
4. 48
5. 60
6. 72
7. 84
8. 96
9. 108
10. 120
11. 132
12. 144

**Column 2**

1. 12
2. 24
3. 36
4. 48
5. 60
6. 72
7. 84
8. 96
9. 108
10. 120
11. 132
12. 144

## CHAPTER 8

### Page 36

| | |
|---|---|
| 1. 48, 60 | 11. 36 |
| 2. 60, 72 | 12. 48 |
| 3. 72, 84 | 13. 60 |
| 4. 84, 96 | 14 72 |
| 5. 96, 108 | 15. 84 |
| 6. 108, 120 | 16. 96 |
| 7. 120, 132 | 17. 108 |
| 8. 132, 144 | 18. 120 |
| 9. 12 | 19. 132 |
| 10. 24 | 20. 144 |

### Page 37

| | |
|---|---|
| 1. 36, 60 | 11. 84 |
| 2. 24, 48 | 12. 4 |
| 3. 48, 72 | 13. 12 |
| 4. 48, 72 | 14 96 |
| 5. 72, 108 | 15. 12 |
| 6. 72, 96 | 16. 12 |
| 7. 96, 120 | 17. 24 |
| 8. 5 | 18. 12 |
| 9. 12 | 19. 1 |
| 10. 3 | |

### Page 38

| | | |
|---|---|---|
| 1. 96 | 10. 132 | 19. 96 |
| 2. 72 | 11. 108 | 20. 144 |
| 3. 36 | 12. 84 | 21. 120 |
| 4. 12 | 13. 84 | 22. 108 |
| 5. 120 | 14 48 | 23. 96 |
| 6. 48 | 15. 12 | 24. 24 |
| 7. 24 | 16. 60 | 25. 48 |
| 8. 144 | 17. 72 | 26. 60 |
| 9. 60 | 18. 36 | 27. 132 |
| | | 28. 84 |

### Page 39

| | | | | | | | | | |
|---|---|---|---|---|---|---|---|---|---|
| 1 | 2 | 3 | 4 | 5 | 6 | 7 | 8 | 9 | 10 |
| 11 | **12** | 13 | 14 | 15 | 16 | 17 | 18 | 19 | 20 |
| 21 | 22 | 23 | **24** | 25 | 26 | 27 | 28 | 29 | 30 |
| 31 | 32 | 33 | 34 | 35 | **36** | 37 | 38 | 39 | 40 |
| 41 | 42 | 43 | 44 | 45 | 46 | 47 | **48** | 49 | 50 |
| 51 | 52 | 53 | 54 | 55 | 56 | 57 | 58 | 59 | **60** |
| 61 | 62 | 63 | 64 | 65 | 66 | 67 | 68 | 69 | 70 |
| 71 | **72** | 73 | 74 | 75 | 76 | 77 | 78 | 79 | 80 |
| 81 | 82 | 83 | **84** | 85 | 86 | 87 | 88 | 89 | 90 |
| 91 | 92 | 93 | 94 | 95 | **96** | 97 | 98 | 99 | 100 |

| | | |
|---|---|---|
| 1. 84 | 9. 72 | 17. 36 |
| 2. 96 | 10. 84 | 18. 144 |
| 3. 48 | 11. 60 | 19. 60 |
| 4. 120 | 12. 144 | 20. 132 |
| 5. 132 | 13. 24 | 21. 24 |
| 6. 12 | 14. 120 | 22. 48 |
| 7. 36 | 15. 12 | 23. 72 |
| 8. 108 | 16. 108 | 24. 96 |

### Page 40

| Column 1 | Column 2 |
|---|---|
| 1. 108 | 1. 96 |
| 2. 144 | 2. 36 |
| 3. 60 | 3. 48 |
| 4. 48 | 4. 144 |
| 5. 96 | 5. 108 |
| 6. 36 | 6. 96 |
| 7. 48 | 7. 132 |
| 8. 108 | 8. 48 |
| 9. 132 | 9. 108 |
| 10. 84 | 10. 36 |
| 11. 24 | 11. 24 |
| 12. 72 | 12. 108 |
| 13. 132 | 13. 60 |
| 14 60 | 14 120 |
| 15. 12 | 15. 132 |
| 16. 36 | 16. 12 |
| 17. 120 | 17. 72 |
| 18. 96 | 18. 36 |
| 19. 108 | 19. 60 |
| 20. 36 | 20. 84 |

## CHAPTER 9

### Page 41

**Column 1**

| | | |
|---|---|---|
| 1. 36 | 11. 66 | 21. 132 |
| 2. 24 | 12. 108 | 22. 11 |
| 3. 55 | 13. 132 | 23. 22 |
| 4. 12 | 14 88 | 24. 36 |
| 5. 33 | 15. 144 | 25. 44 |
| 6. 99 | 16. 60 | 26. 110 |
| 7. 72 | 17. 12 | 27. 66 |
| 8. 120 | 18. 84 | 28. 60 |
| 9. 121 | 19. 44 | 29. 48 |
| 10. 77 | 20. 22 | 30. 96 |

**Column 2**

| | | |
|---|---|---|
| 1. 72 | 11. 132 | 21. 84 |
| 2. 11 | 12. 33 | 22. 99 |
| 3. 120 | 13. 24 | 23. 44 |
| 4. 132 | 14 110 | 24. 66 |
| 5. 12 | 15. 84 | 25. 96 |
| 6. 110 | 16. 48 | 26. 108 |
| 7. 121 | 17. 22 | 27. 132 |
| 8. 88 | 18. 88 | 28. 77 |
| 9. 108 | 19. 36 | 29. 55 |
| 10. 60 | 20. 144 | 30. 132 |

# ANSWERS

## CHAPTER 9

### Page 42

**Column 1**

| | | |
|---|---|---|
| 1. 36 | 11. 12 | 21. 88 |
| 2. 33 | 12. 24 | 22. 48 |
| 3. 84 | 13. 11 | 23. 11 |
| 4. 144 | 14 55 | 24. 120 |
| 5. 60 | 15. 96 | 25. 77 |
| 6. 48 | 16. 22 | 26. 72 |
| 7. 44 | 17. 132 | 27. 66 |
| 8. 33 | 18. 99 | 28. 132 |
| 9. 24 | 19. 121 | 29. 108 |
| 10. 110 | 20. 72 | 30. 55 |

**Column 2**

| | | |
|---|---|---|
| 1. 110 | 11. 88 | 21. 120 |
| 2. 48 | 12. 120 | 22. 96 |
| 3. 121 | 13. 24 | 23. 66 |
| 4. 36 | 14 144 | 24. 99 |
| 5. 84 | 15. 22 | 25. 72 |
| 6. 77 | 16. 11 | 26. 132 |
| 7. 60 | 17. 121 | 27. 55 |
| 8. 33 | 18. 132 | 28. 108 |
| 9. 12 | 19. 144 | 29. 44 |
| 10. 77 | 20. 99 | 30. 96 |

## CHAPTER 10

### Page 43

**Column 1**

| | | |
|---|---|---|
| 1. 44 | 11. 11 | 21 90 |
| 2. 72 | 12. 63 | 22 96 |
| 3. 88 | 13. 22 | 23 49 |
| 4. 72 | 14 110 | 24 8 |
| 5. 55 | 15. 12 | 25 84 |
| 6. 56 | 16. 64 | 26 108 |
| 7. 18 | 17. 132 | 27 48 |
| 8. 77 | 18. 40 | 28 48 |
| 9. 60 | 19. 77 | 29 42 |
| 10. 35 | 20. 63 | 30 54 |

**Column 2**

| | | |
|---|---|---|
| 1. 18 | 11. 72 | 21. 84 |
| 2. 144 | 12. 56 | 22. 81 |
| 3. 66 | 13. 12 | 23. 24 |
| 4. 70 | 14 96 | 24. 108 |
| 5. 30 | 15. 28 | 25. 45 |
| 6. 80 | 16. 121 | 26. 16 |
| 7. 9 | 17. 42 | 27. 21 |
| 8. 6 | 18. 66 | 28. 132 |
| 9. 36 | 19. 36 | 29. 88 |
| 10. 24 | 20. 14 | 30. 33 |

**Column 3**

| | | |
|---|---|---|
| 1. 60 | 11. 27 | 21. 48 |
| 2. 48 | 12. 99 | 22. 144 |
| 3. 120 | 13. 48 | 23. 54 |
| 4. 7 | 14 84 | 24. 63 |
| 5. 99 | 15. 60 | 25. 72 |
| 6. 36 | 16. 63 | 26. 96 |
| 7. 72 | 17. 72 | 27. 77 |
| 8. 54 | 18. 56 | 28. 72 |
| 9. 32 | 19. 27 | 29. 84 |
| 10. 24 | 20. 64 | 30. 35 |

### Page 44

**Column 1**

| | | |
|---|---|---|
| 1. 48 | 11. 88 | 21. 60 |
| 2. 35 | 12. 24 | 22. 22 |
| 3. 6 | 13. 42 | 23. 60 |
| 4. 64 | 14 32 | 24. 55 |
| 5. 14 | 15. 72 | 25. 44 |
| 6. 110 | 16. 81 | 26. 21 |
| 7. 108 | 17. 70 | 27. 63 |
| 8. 84 | 18. 99 | 28. 36 |
| 9. 72 | 19. 80 | 29. 132 |
| 10. 36 | 20. 56 | 30. 77 |

**Column 2**

| | | |
|---|---|---|
| 1. 66 | 11. 84 | 21. 45 |
| 2. 24 | 12. 63 | 22. 54 |
| 3. 16 | 13. 18 | 23. 99 |
| 4. 12 | 14 121 | 24. 8 |
| 5. 12 | 15. 56 | 25. 24 |
| 6. 33 | 16. 36 | 26. 28 |
| 7. 88 | 17. 108 | 27. 48 |
| 8. 9 | 18. 42 | 28. 144 |
| 9. 49 | 19. 40 | 29. 30 |
| 10. 7 | 20. 72 | 30. 77 |

**Column 3**

| | | |
|---|---|---|
| 1. 18 | 11. 66 | 21. 108 |
| 2. 96 | 12. 48 | 22. 40 |
| 3. 96 | 13. 42 | 23. 81 |
| 4. 54 | 14 21 | 24. 45 |
| 5. 90 | 15. 36 | 25. 24 |
| 6. 11 | 16. 33 | 26. 42 |
| 7. 120 | 17. 96 | 27. 28 |
| 8. 132 | 18. 30 | 28. 24 |
| 9. 27 | 19. 48 | 29. 49 |
| 10. 72 | 20. 36 | 30. 18 |

## CHAPTER 11

### Page 45

| | Column 1 | Column 2 | Column 3 |
|---|---|---|---|
| 1. | 35 | 44 | 48 |
| 2. | 24 | 66 | 18 |
| 3. | 56 | 72 | 77 |
| 4. | 42 | 63 | 44 |
| 5. | 28 | 64 | 56 |
| 6. | 66 | 108 | 22 |
| 7. | 48 | 63 | 36 |
| 8. | 11 | 12 | 72 |
| 9. | 54 | 36 | 84 |
| 10. | 99 | 24 | 24 |
| 11. | 90 | 49 | 80 |
| 12. | 132 | 88 | 81 |
| 13. | 108 | 22 | 110 |
| 14. | 45 | 32 | 27 |
| 15. | 24 | 48 | 54 |
| 16. | 132 | 36 | 40 |
| 17. | 9 | 18 | 11 |
| 18. | 72 | 7 | 99 |
| 19. | 40 | 81 | 64 |
| 20. | 70 | 36 | 77 |
| 21. | 96 | 55 | 49 |
| 22. | 72 | 60 | 96 |
| 23. | 72 | 80 | 7 |
| 24. | 48 | 120 | 72 |
| 25. | 56 | 84 | 55 |
| 26. | 77 | 99 | 108 |
| 27. | 42 | 88 | 60 |
| 28. | 21 | 18 | 36 |
| 29. | 33 | 6 | 42 |
| 30. | 16 | 144 | 132 |
| 31. | 14 | 12 | 8 |
| 32. | 84 | 60 | 32 |
| 33. | 96 | 8 | 12 |
| 34. | 110 | 36 | 63 |
| 35. | 121 | 11 | 63 |
| 36. | 8 | 55 | 88 |
| 37. | 30 | 32 | 84 |
| 38. | 77 | 54 | 33 |
| 39. | 54 | 56 | 36 |
| 40. | 27 | 132 | 99 |

### Page 46

| | Column 1 | Column 2 | Column 3 |
|---|---|---|---|
| 1. | 84 | 22 | 24 |
| 2. | 72 | 36 | 16 |
| 3. | 35 | 80 | 108 |
| 4. | 81 | 56 | 72 |
| 5. | 132 | 54 | 48 |
| 6. | 42 | 77 | 90 |
| 7. | 63 | 72 | 144 |
| 8. | 144 | 24 | 121 |
| 9. | 48 | 33 | 30 |
| 10. | 108 | 12 | 88 |
| 11. | 21 | 32 | 6 |
| 12. | 27 | 96 | 66 |
| 13. | 8 | 70 | 132 |
| 14. | 108 | 7 | 66 |
| 15. | 36 | 45 | 42 |
| 16. | 72 | 54 | 120 |
| 17. | 14 | 36 | 12 |
| 18. | 66 | 90 | 21 |
| 19. | 120 | 28 | 72 |
| 20. | 72 | 24 | 35 |
| 21. | 48 | 16 | 54 |
| 22. | 24 | 56 | 70 |
| 23. | 12 | 18 | 24 |
| 24. | 30 | 11 | 96 |
| 25. | 55 | 121 | 18 |
| 26. | 18 | 96 | 60 |
| 27. | 9 | 84 | 9 |
| 28. | 88 | 99 | 45 |
| 29. | 42 | 77 | 56 |
| 30. | 60 | 6 | 28 |
| 31. | 88 | 64 | 14 |
| 32. | 132 | 66 | 42 |
| 33. | 49 | 49 | 48 |
| 34. | 63 | 96 | 80 |
| 35. | 60 | 110 | 7 |
| 36. | 40 | 72 | 48 |
| 37. | 99 | 18 | 88 |
| 38. | 44 | 77 | 36 |
| 39. | 110 | 84 | 12 |
| 40. | 48 | 33 | 108 |

27492574R00037

Printed in Poland
by Amazon Fulfillment
Poland Sp. z o.o., Wrocław